MANUEL
D'ÉCONOMIE
ÉLÉGANTE

PAR

Mme CONSTANCE AUBERT

PARIS
TARIDE, LIBRAIRE-ÉDITEUR
2, RUE DE MARENGO (ANCIENNE RUE DU COQ)

1859

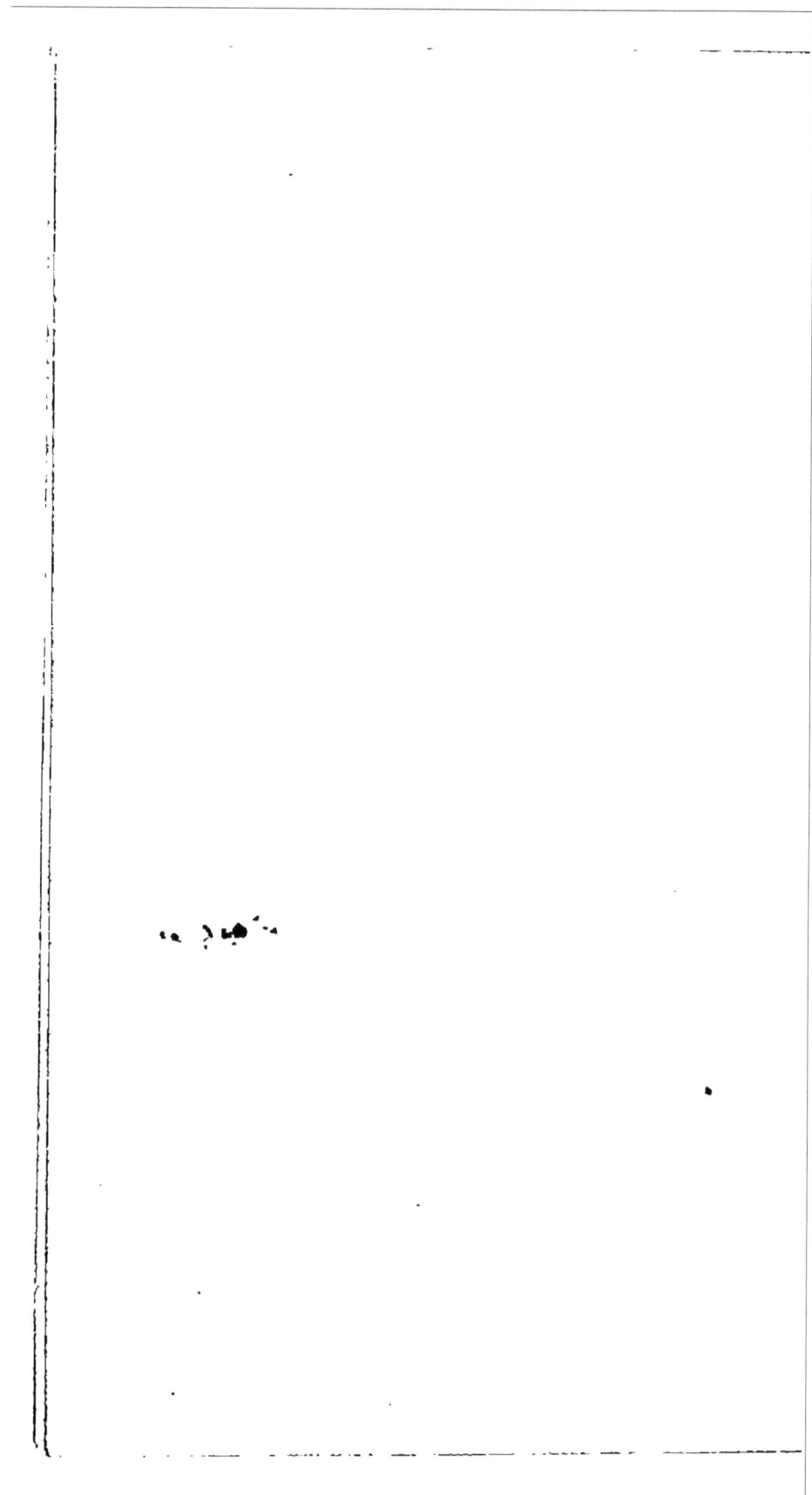

INTRODUCTION

Sous le titre de *Manuel d'Économie élégante*, l'auteur du présent petit livre se propose de traiter la question de la vie parisienne, intérieure et extérieure.

Ces quelques pages n'ont aucune prétention.

Elles n'ont pas pour but d'enseigner à se conduire dans le monde, mais d'enseigner à y vivre — à chacun selon sa position.

L'élégance ne se compose pas seulement de la recherche que l'on peut mettre dans l'ensemble de sa toilette, ni de l'art plus ou moins grandiose avec lequel on dépense sa fortune.

C'est peu de savoir s'habiller; c'est beaucoup de savoir se loger, c'est plus encore de savoir recevoir.

L'Économie élégante est le rapport qui existe entre tous les éléments qui constituent le bien vivre.

MANUEL

D'ÉCONOMIE ÉLÉGANTE

I

DE L'ÉLÉGANCE

De la distinction et de l'élégance. — Qu'est-ce que le luxe? — Qu'est-ce que le simple?

L'élégance est un mot subtil presque de convention.

La distinction est peut-être plus indéfinissable encore.

Je dirai néanmoins que par élégance j'entends ce qui est l'expression avouée de la mode;

Par distinction, ce qui est délicat, exceptionnel et recherché.

Pour donner mon sentiment sur l'élégance actuelle, je ne la trouve pas distinguée.

Selon moi, l'élégance devrait toujours révéler
une origine élevée; on devrait deviner la femme
du monde, et retrouver les habitudes et les allures
de la bonne compagnie dans la manière d'être, qui
se propose pour type.

Et il m'est impossible aujourd'hui d'allier la tenue extérieure des femmes avec les préceptes qui
leur avaient toujours été donnés.

Évidemment il y a quelque chose de faux dans
la mode du moment.

Elle a des exigences de luxe absolues qui sont
absurdes.

La mode a posé ses lois en articles uniques, de
telle sorte que, sous peine d'être paria, à l'index
de la société élégante, il faut porter ce qui est
imaginé par la femme qui ne discute aucune
dépense.

Cette obligation dérange la plus fondamentale de
toutes les lois de l'élégance, l'appréciation relative
du luxe et du simple.

Qu'est-ce que le simple, quand, pour sortir
à pied dans la rue, une femme porte sans s'en

soucier une robe de trois ou quatre cents francs?

Le simple, cependant, a une signification réelle. Il faut s'opposer à ce qu'il devienne synonyme de pauvre.

On en est très-près.

Cette invasion du luxe quand même menace d'être l'état normal.

Les dépenses dépassent tous les budgets.

Il n'y a que les femmes volontairement au-dessous de leur position, et par conséquent en arrière de la mode, qui n'aient pas un arriéré énorme chez leurs fournisseurs.

On admettra comme incontestable ce que j'avance, quand on réfléchira que les trois quarts des fortunes qui n'ont pas reçu d'augmentation depuis vingt ans comptent aujourd'hui, dans leur budget, un chiffre pour la toilette, qui est, sans exagération, quadruplé.

Autrefois les femmes riches achetaient les beaux cachemires, portaient des diamants, parce qu'ils sont chers, et avaient seules des dentelles de prix.

Aujourd'hui toutes les jeunes femmes qui se marient veulent un cachemire de deux ou trois mille francs. Si elles ne demandent pas des diamants, c'est uniquement parce que le moindre bijou de quinze ou dix-huit cents francs est plus à la mode, et toutes se font donner des volants de dentelle.

Autrefois la raison et la convenance établissaient une sorte de hiérarchie.

Aujourd'hui c'est presque la convenance qui établit l'obligation.

Être mise comme tout le monde, est un axiome absurde et ridicule qui régit le costume et qui a force de loi.

Il y a dix-huit ou vingt ans, tout le monde était confondu dans une similitude un peu quakeresse, j'en conviens. Le simple était à l'ordre du jour.

Ce fut le triomphe de la distinction.

Il fallait toute l'élégance native de la femme pour paraître distinguée dans une robe absolument semblable à celle de sa cuisinière, et, pour que l'on reconnût la femme riche sous de la mousseline à neuf sous le mètre, une écharpe unie de taffetas noir et un chapeau de paille cousue sans rubans, il fallait, certes, que ce parfum délicat se révélât, rien que dans la façon de porter tout cela

Que voulez-vous qui se révèle à travers l'échafaudage informe et les monceaux d'étoffe d'où sort
une tête à peine remarquée.

Le grand, l'immense tort des femmes du monde,
c'est d'avoir adopté la mode des femmes déclas-
sées. Une fois entrées dans ce labyrinthe, elles ne
savent plus en sortir, elles ne cherchent plus cette
distinction qui était un des plus grands charmes.
Elles veulent paraître à tout prix.

Toutefois l'inconvénient le plus réel n'est pas
que les femmes riches soient trop élégantes, mais
bien que toutes les femmes veulent paraître riches
et être aussi élégantes que les riches.

Non-seulement c'est fâcheux, mais c'est absurde.

Et, par-dessus tout cela, c'est impossible.

Il arrivera prochainement que les femmes ne
pouvant pas continuer le petit manége mystérieux
qu'elles ont établi pour cacher à leurs maris leurs dépenses de toilette, elles seront forcées de revenir à
des proportions avouées, et par conséquent sensées.

L'élégance doit périr dans cet ouragan qui l'en-
traîne.

Les femmes, en masse, doivent donc mettre
leur intelligence et leur bon sens à lui résister.

Elles le peuvent en ramenant le bon goût raisonné, en forçant l'attention par cette harmonie tranquille qui captive le regard, pour le moins autant que ce qui a de l'éclat.

La mode du logis, c'est-à-dire le confortable intérieur, a, au contraire, la distinction d'une élégance rationnelle, d'un luxe motivé, qui a peut-être encore quelques progrès à faire, mais qui n'appelle aucune réforme.

Tout ce qui tend à perfectionner l'élégance du logis est une amélioration dans la vie confortable. Le luxe de l'intérieur contribue au bien-être et intéresse toutes les positions.

Mais encore ici le simple est relatif.

Il y a autant à dire sur l'arrangement d'une mansarde que sur l'ordonnance d'un hôtel.

II

DE L'INTÉRIEUR

Le logis selon le maître. — Influence de la femme sur
l'arrangement intérieur. — Détails de la maison dans ses
diverses parties.

———

Quoique en réalité ce sujet intéresse généralement chacun, il est très-certain que c'est plus
particulièrement aux femmes que ces lignes sont
adressées. Le soin de la vie intérieure, ce minis-
tère privé si important, est tout abandonné à la
femme. C'est son influence que l'on doit retrouver
jusque dans les détails qui relèvent de l'intendant

ou de l'architecte. Je voudrais qu'elle eût une part beaucoup plus grande dans les décisions de l'ordonnance du logis, on serait logé plus commodément; l'aisance, le luxe et l'ordre de la maison y gagneraient.

Il s'est fait un pas immense dans la disposition des demeures, en général.

Je ne donnerai pas mon avis sur la physionomie aristocratique de l'hôtel qui disparaît forcément dans la parcimonie de terrain qui restreint les cours et comble les jardins de moellons. Je ne vois plus d'hôtels; je ne vois que des maisons.

Les moins belles sont les plus jolies.

Mais ces maisons monumentales à trois ou quatre étages, entre-sol et sous-sol; ces bâtiments massifs, lourds et uniformes, à façade directe sur la rue, me semblent tout ce qu'il y a de plus monotone et de plus triste.

Le faubourg Saint-Germain conserve seul ses hôtels, — avec la porte isolée sur la rue, la cour qui précède l'habitation et, par derrière, le jardin qui l'entoure.

Petit château de la ville, qui avait son seigneur.

Je déteste ces épais amas de pierres où l'on ne

peut se loger, dixième ou douzième, sous le même toit qu'en payant un loyer de quatre, six à vingt mille francs, et où la place est si mesquinement donnée, que les chambres secondaires sont reléguées sans presque de jour et touchent souvent de fenêtre à fenêtre un appartement voisin.

Je cite cela, parce qu'à mon sens ce point principal témoigne des fautes nombreuses que notre époque commet en matière de goût.

Ce qui a gagné, c'est l'aspect. Il n'y a plus guère d'escalier sombre, les fenêtres sont bien percées ; les portes à deux battants sont dans tous les salons, et partout il y a de belles cheminées qui ne fument pas.

Le calorifère chauffant toute la maison devient assez fréquent ; comment fait-on une maison sans l'y introduire ? Ce détail, que tout propriétaire imposerait, serait supporté volontiers par chaque locataire et justifierait un peu les prix de loyers ridicules.

Une chaleur uniforme est une des premières recherches.

Les tapis dans tout l'appartement en sont la conséquence.

On doit trouver dès le vestibule le tissu qui préserve le pied du froid et de l'humidité.

Dans l'antichambre, c'est un tapis commun; celui de la salle à manger, plus simple que celui des salons.

Il convient souvent de le mettre uniforme dans tout l'appartement.

L'antichambre et la salle à manger ont une physionomie particulière, ce qui n'empêche pas qu'on y retrouve les détails d'élégance : des portières à hautes franges, les meubles sculptés, les grands vases de porcelaine ou de faïence remplis de plantes rares.

La salle à manger surtout est soumise à une décoration artistique. Les cuirs frappés ou dorés, les tapisseries anciennes, les meubles riches et sévères, et les dressoirs couverts de vaisselle de faïence et de vaisselle d'argent; curiosités anciennes et rares; tout ce qui dérive de ce luxe cher : les papiers qui imitent le cuir ou qui s'en rapprochent, les moquettes et même les cotonnades arabes, et, sur les étagères, les porcelaines et les cristaux, l'argenterie et les terres usuelles.

Le salon peut avoir deux physionomies. Je ne

parle pas des salons pompeux hors ligne, tendus de soie et en dehors de toute imitation.

Je parle d'un salon distingué, où l'on a remplacé la tenture de soie pareille aux rideaux par un papier soie qui leur ressemble, papier couleur sur couleur sans bordure, et de la même nuance que les rideaux et le meuble.

Sur la cheminée, une pendule avec des candélabres et des girandoles de chaque côté, des glaces; au plafond, le lustre en rapport.

Les vases et les flambeaux ne se mettent plus comme garniture de cheminée; ils se répandent, selon leur emploi, sur les différents meubles où les appelle leur utilité.

Les tables ont aussi leur destination. La table principale, ovale ou carrée, reçoit les livres et les journaux; quelquefois un grand vase ou une jardinière. Dans un coin, une table à jeu avec son flambeau de bouillotte, et encore un vase ou un bronze. Près de la cheminée, un petit guéridon sur lequel la maîtresse de maison jette son livre, ses gants, son éventail. Devant la fenêtre, une petite table étagère qui réunit les corbeilles à divers usages;

entre les fenêtres, les meubles de Boule ou Renaissance.

Les jardinières et les étagères sont suspendues
dans les angles de l'appartement et devant les glaces ; les fleurs rameuses et les curiosités algé-
riennes les entourent de leurs guirlandes et de
leurs perles mobiles.

Rien n'est joli comme cette mode des fleurs
suspendues.

Le tableau devient assez rare dans un logis de
goût.

Il n'y a que deux cas où il soit admis : c'est
lorsqu'il a du prix, ou un mérite relatif ;

Si on a une fortune et que l'on ait des tableaux
de maître ; —

Ou bien si l'on a des ébauches d'artistes, ou que
l'on soit soi-même artiste ou amateur habile.

Mais un mauvais portrait, mais des gravures,
mais un tableau bourgeois, — cela ne se voit plus,
on préfère la nudité du mur.

La photographie a remplacé la peinture médiocre et a pris une importance réelle.

Mayer est à la photographie ce que Scheffer est
à la peinture.

D'autant qu'aujourd'hui tant de choses accidentent l'uniformité des murs, qu'on peut considérer comme nuisible ce qui est inutile.

De chaque côté des portes on place généralement des girandoles ; çà et là des crédences pour supporter des statuettes, des coupes, des potiches. Ici le haut verre de Bohême en cristal à bouchon en flèche; plus haut, le pot de faenza jaune à figures bleues grossièrement dessinées; l'œuf d'autruche, tout papilloté de glands d'or et de flots de soie ; le miroir de Venise avec son cadre à médaillons bizeautés, et les cache-pots suspendus d'où s'échappe le lierre qui tapisse la corniche de sa feuille persistante.

Les chambres à coucher doivent avoir un cachet qui indique au premier abord la chambre du maître ou de la maîtresse de maison.

Dans l'une, les tentures de soie, la mousseline ou même la dentelle; les miroirs coquets, les bénitiers et l'image sainte, les toilettes et les meubles délicats; les étagères couvertes de caprices.

Dans l'autre, les étoffes sombres, les panoplies, les meubles confortables, les étagères garnies de livres, de curiosités artistiques ; des plateaux à bière et des faisceaux de pipes.

Quand la demeure le comporte, l'homme a le fumoir, la femme a la serre intérieure. Ces deux propriétés personnelles constituent aujourd'hui le complément de l'élégance intérieure.

J'y reviendrai tout à l'heure.

III

DE LA MODE DANS L'AMEUBLEMENT

——

Avant d'entrer dans le détail, il faut voir l'ensemble.

Avant de s'arrêter à la mode du jour que l'on veut juger, il n'est pas inutile de jeter un coup d'œil sur les modes passées pour comparer.

Il nous reste d'ailleurs aujourd'hui quelques souvenirs épars de toutes les époques.

Les vieux maîtres sont ceux que nous imitons encore.

L'antique a son immortalité classique.

Mais ce qui distingue le bon goût de notre époque actuelle, c'est l'intelligence avec laquelle elle
s'assimile tout ce qui est bien.

Cette alliance de genres bien différents a produit le genre artistique, la véritable physionomie
distinctive de ce temps.

Jusqu'à présent une époque avait un style uni-
que, absolu. — Il en restait pour l'avenir des types faciles à distinguer.

Depuis la Restauration, c'est-à-dire, depuis le
meuble à colonnes et demi-colonnes, pauvre, triste,
mesquin, affreux, il n'y a pas de style; non-seulement on se guide sur le Louis XIV, modèles
graves inspirés par une savante splendeur, incrus-
tations luxueuses, ciselures d'or, feuillages épais,
enlaçant de leurs guirlandes les têtes sérieuses
qui se détachent brillantes de l'ébène ou de l'é-
caille ; — on tient toujours au Louis XV, avec ses
lignes tortueuses, ses médaillons enrubanés et
ses figures mignardes et souriantes; mais on re-
monte au genre Renaissance et au gothique, aux
colonnettes tordues, aux écussons et aux fleurons;
on va plus loin, et les lignes pures de l'antiquité,

les cygnes en supports, les feuilles d'acanthe pour chapiteaux, inspirent les compositeurs modernes.

Le goût, c'est de savoir allier tout cela, de savoir mettre tout en rapport.

Le goût, c'est de tenir à un ensemble délicat, soigné, rare et distingué, c'est de n'admettre chez soi que ce que l'on approuve.

Le meuble de bois doré est possible dans un salon au quatrième étage, s'il va avec des rideaux de soie ou de velours. La bibliothèque et le bureau, en chêne ou en poirier sculpté, ou en bois de rose, se trouvent à leur place dans quelque demeure un peu recherchée que ce soit.

Pourvu qu'il y ait de l'harmonie, c'est bien.

Les petits meubles à l'usage habituel sont partout.

Ils font à eux seuls toute la physionomie de l'époque.

C'est ce que Tahan a popularisé.

Au commencement du siècle, il y eut un magasin, nommé le Petit Dunkerque, qui importa d'Angleterre et des Indes une foule d'objets plus ou moins inutiles, et il devint de suite à la mode d'en garnir ses appartements. Puis il s'en trouva une si grande quantité que, pour éviter l'encombrement, on imagina un meuble pour les réunir, et on appela le tout : un Petit Dunkerque.

Cette mode était fort jolie. — Elle permit de plus à la curiosité de s'introduire dans le logis; mais un peu de vulgarité s'y mêla, et en guérit.

La réforme que Tahan a apportée a bien plus de solidité.

Il a répandu le luxe de la fantaisie sur tout. Il a fait de la chose utile un objet d'art, et de l'objet d'art une chose utile. Le meuble perfectionné devient un chef-d'œuvre de travail, et le caprice n'a de valeur que par le bon goût.

C'est surtout dans cette dernière parole que se trouvent résumés les enseignements de Tahan. Le luxe est la signification de la richesse; le bon goût seul est la signification de l'élégance.

Le bon goût est la règle de Tahan.

Cette science indéfinissable se révèle chez lui au plus ignorant; je ne sache pas de leçon ni de conseil qui vaille une heure passée dans son musée du goût parisien.

Le meuble, bibliothèque, table ou bureau, est de créations aussi élevées que l'œuvre d'art. Tantôt c'est une sculpture fouillée avec un ciseau de statuaire, tantôt c'est un panneau peint par un maître, la porcelaine en incrustation découpée, ou la mosaïque bigarrée.

C'est la jardinière, qu'il a imposée à tout appartement féminin.

C'est le coffre et le coffret, dont il a fait les amis de la vie intime, serviteurs gracieux qui se prêtent à tous les services et à tous les secrets.

C'est le bronze ou la terre étrusque, l'ivoire sculpté, la faïence rare, montée dans le bois ou le bronze, dans l'argent ou dans l'or, selon que leur physionomie locale l'exige.

C'est le bénitier ou le reliquaire, palladium de la chambre de femme;

Le prie-Dieu, qui a transformé le boudoir en oratoire;

Et, enfin, tous ces vases, ces potiches, ces jardinières, déjà mis sous vos yeux avec la mise en scène qu'ils devront avoir dans votre appartement.

Tout ce que je dis là peut vous paraître une banalité, si je ne fais pas comprendre que toute l'importance de cette recherche est dans une distinction de détails qui élève chaque objet à la hauteur de la curiosité.

Le pupitre en bois sculpté qui reçoit le livre illustré, le livre lui-même enluminé et relié comme les vieux missels à fermoir d'or incrusté de pierreries, l'encrier de marbre que surmonte un bronze de Pradier, le pot à tabac ou le brûle-parfums en terre cuite de Claudion on en faenza de Vérone : c'est là l'application de l'art à la fantaisie.

Le tableau de pupitre posé sur un meuble, à portée du regard et de la main pour pouvoir être examiné et déplacé facilement; la statuette sur un socle plus ou moins motivé; la coupe ou le gobelet Renaissance complétant la décoration d'une vitrine ou d'une étagère : voilà l'application de la fantaisie à l'art.

IV

LES CHAMBRES SPÉCIALES

La tabagie ou fumoir : *smocking-room*. — Le tabac,
les cigares et les pipes.

———

Ce que j'entends par chambres spéciales sont ces
pièces qui semblent une propriété exclusive d'un
maître ou d'une maîtresse de maison.

Malgré mon antipathie pour l'alliance des usages
masculins et féminins, je dois reconnaître que le
cigare s'introduit dans l'appartement commun, et
qu'il n'est plus banni de la demeure fashionable.

Les femmes elles-mêmes l'ont absous, non pas en l'adoptant, mais en le souffrant.

Ce dont je suis très-loin de les blâmer.

Autant je trouve inqualifiable une femme qui croit se donner de la grâce en allumant avec aisance la cigarette qu'elle a faite avec art, autant je trouve d'obligation sociale qu'une femme laisse à son mari la liberté de fumer chez lui, si cela lui convient.

Une habitation divisée avec intelligence a aujourd'hui son réduit réservé aux fumeurs.

Nous l'appellerons comme vous voudrez : *tabagie* serait le vieux mot technique; *fumoir* est le jeune mot adopté; *smocking-room*, mot anglais qui dit très-bien la chose, en dénature un peu la crudité, me plaît, et nous nous y tiendrons.

Le smocking-room est si bien reconnu, qu'il doit être installé même chez une femme qui reçoit à la campagne. Elle ne peut offrir une hospitalité complète et appréciée si la privation de fumer y est attachée, et, comme elle ne saurait permettre à des visiteurs indifférents de fumer dans son appartement, elle fait disposer pour les fumeurs une salle, assez séparée des autres, pour qu'ils y soient en entière liberté.

Si l'habitation a un maître, on doit y retrouver sa place habituelle; indépendamment des pipes de toutes grandeurs qui attendent les visiteurs, il y a le faisceau isolé qui indique le propriétaire.

Le smocking-room, dans une demeure de femme, c'est l'hospitalité prévoyante, mais silencieuse; c'est la chambre des visiteurs passagers; elle a tout le froid de l'indifférence.

Chez l'homme, il doit y apporter tout ce qui fait pressentir la prédilection, on y devine les longues soirées de causerie et les réunions intimes.

Comme exemple, — car l'exemple en dit plus que toutes les théories, voici la description de deux tabagies modèles : l'une, à Meudon, chez une charmante femme qui possède la science de tout ce qui est gracieux, veuve, et recevant à merveille; l'autre, à Paris, chez un homme aimable, marié à une femme aimable aussi, et qui comprend ses devoirs aussi bien que ses droits.

A Meudon, le smocking-room est situé près de la bibliothèque et de la salle de billard. Les murs sont couverts d'un papier cuir; il n'y a pas de rideaux aux fenêtres, qui sont vitrées en couleur. Comme il n'y a pas de cheminée, les divans, très-bas, font, sans interruption, le tour de la chambre. Ces divans de forme turque, en maroquin brun rouge, n'ont ni bois ni ornements; au milieu de la chambre, un divan pareil entoure une étagère en pyramide sur laquelle se trouvent réunis les pots à tabacs de toute espèce, des cigares, et au-dessus de tout cela, une charmante petite figure en terre cuite qui présente incessamment l'allumette pour faire du feu. Des deux extrémités du plafond tombent deux lampes en terre et cuivre poli.

Ici, rien ne manque, mais rien ne vit. C'est tout simplement le fumoir.

A Paris, nous sommes dans une pièce vaste et éclairée par de grandes fenêtres, comme un atelier de peintre. Le maître du logis a fait pour lui son smocking-room. C'est une espèce de réduit personnel qui réunit un peu de tout ce qui fait passer le temps. L'ameublement a bien été combiné aussi pour répondre aux avaries du cigare, mais moins absolument. Ici, c'est le genre espagnol un peu mauresque : la tenture en cuir de Cordoue, les meubles en bois de chêne et tapisserie. Sur la cheminée.

des candélabres en fer. Aux deux coins de la cheminée, un grand fauteuil-fumeuse, qui invite au
far niente. Au milieu de la chambre, une énorme
table couverte de journaux, de pots à tabac, de
boîtes à cigares. Contre le panneau principal,
deux jolis petits meubles en chêne vitrés, à travers lesquels on aperçoit, rangés sur de nombreux
rayons de velours noir, des cigares de différentes
sortes.

Des pipes de tous les pays offrent l'étrange coup
d'œil de cette immense diversité entre les formes
d'un même objet. Il y a de la fantaisie dans cette
collection complète. La pipe française, blanche et
courte, cette petite pipe vulgaire que je ne saurais
trop désigner par son nom plus vulgaire encore,
termine l'échelle, en tête de laquelle domine, ambitieuse et élégante, la pipe turque avec son bout
d'ambre et son long tuyau de laurier.

Sur un support sculpté est placé un narguilé,
qui serpente en replis nombreux et repose dans
du cristal argenté.

Plusieurs tableaux de l'école flamande semblent
éclairer, à travers un nuage de fumée, ce salon de
fumeurs.

Sur une petite table en chêne, des verres et des pots de bière.

Dans une bibliothèque à hauteur d'appui, quelques livres, et ce qu'il faut pour écrire.

Cela respire l'habitation, et cependant il ne s'y trouve pas tout ce que l'on demande de confortable à un lieu que l'on habite constamment. Toutefois il y a l'animation de la vie; on voit que c'est un lieu souvent visité, et une corbeille à ouvrage, laissée sur un coin de la cheminée, peut révéler parfois que la maîtresse du logis ne dédaigne pas d'y passer quelques moments.

Pour ne point commettre d'hérésie, je ne dirai rien de l'emploi des différents tabacs, mais je crois pouvoir dire que le cigare havanais est plus à la mode en ce moment que la pipe, et que la petite cigarette a pour justifier la faveur qu'on lui accorde d'être délicate et parfumée, de se brûler vite, et de ne pas laisser après les habits l'odeur persistante, et par conséquent souvent gênante, du cigare ou de la pipe.

V

LES SERRES D'APPARTEMENT

Les fleurs. — Les jardins sur les tables. — Les jardins d'hiver.

— —

Je vois avec un grand plaisir que les femmes adoptent les serres intérieures avec autant de spontanéité.

Aujourd'hui que les grands appartements ont toujours au moins deux ou trois salons, il faut qu'une maîtresse de maison ait bien peu de savoir-faire pour ne pas trouver moyen de se réserver son

jardin d'hiver, dont elle peut à la rigueur faire
son cabinet de travail : *working-room*, dirai-je
encore.

C'est une délicieuse retraite pour une femme
que ce salon vitré tout palissadé de lierre et de
camellias ; le jour y arrive à travers les plantes dia-
prées ; l'air tiède est parfumé : c'est le luxe qui,
pour ne rien laisser à souhaiter au confortable, a
appelé la nature à son aide

Des oiseaux rares sont très-bien placés dans de
jolies cages d'or ou de cèdre, au milieu des plantes
et de la verdure.

L'eau même peut s'élever en jets capricieux en
retombant dans un bassin de marbre où vivent des
poissons au milieu des herbes aquatiques.

Le soir, la serre intérieure est éclairée par des
lanternes ou des lampadaires artistiques.

Je n'ai jamais vu que chez Tahan ces sortes de
fantaisies exceptionnelles qui font à une maîtresse
de maison une réputation de goût célèbre.

En effet, elle a su choisir.

Dans quelque logis que ce soit, simple ou
magnifique, il y a toujours place pour des fleurs,
bien plus, je ne crains pas d'affirmer que les fleurs

sont le luxe le plus réel et le plus intelligent d'un
intérieur modeste.

L'entretien des fleurs demande des soins et du
savoir.

Il faut en confier la direction à un homme savant. Lemoine a pris dans la société l'importance
d'un horticulteur intelligent; il possède cette science
de la fleur qui la lui fait respecter. Les femmes bien
inspirées le consultent.

C'est que les fleurs ont des modesties et des am-
bitions qu'il faut savoir ménager. Comme les êtres
délicats ou supérieurs, les fleurs sont destinées à
telle ou telle position; comme une femme blonde
ou une femme brune, telle ou telle fleur, doit ga-
gner ou perdre ses avantages dans tel vase ou dans
telle jardinière.

J'ai sous mes yeux un grand vase en faïence
anglaise bleu turc. Il lui faut une large plante, aux
feuilles d'un vert noir : un aloès, par exemple.

Dans une jardinière en porcelaine de Chine,
montée dans le bois, c'est la plante persistante au
feuillage rougeâtre ou violacé.

Avec le cristal rouge, les fleurs blanches ou
vertes.

Pour ce porte-bouquet, de forme étrange, en cristal ou porcelaine jaune, la fleur violette ou rouge ; une seule branche isolée : l'iris fière ou la grenade superbe.

En touffe, le muguet, l'héliotrope, la violette ou le réséda.

Les plantes grasses, dans des petits pots, sont très à la mode, mais je trouve qu'elles inspirent quelque tristesse : il y a toujours entre elles et la plante artificielle un peu de ressemblance.

Dans les jardinières suspendues, dans les jardinières de table, les plantes rameuses forment un effet charmant, selon que vous les choisissiez en rapport avec la place qu'elles occupent. Mais je reviens à ce que j'ai dit tout à l'heure, les fleurs ont des exigences. La science florale est une de celles que l'on devrait mettre dans l'éducation des femmes ; on ne le fait pas, c'est à elles à réparer cette omission.

Lemoine est un véritable professeur.

Montrez-lui la jardinière de bambou, celle de bois de rose et celle de bois de chêne, vous verrez s'il les garnit indistinctement ou de même toutes trois.

C'est là le point appréciateur.

Voyez chez Tahan, qui a été un des premiers à établir ces nuances, voyez comme la fleur complète, par sa forme, la physionomie d'un vase artistique.

Les fleurs ont un charme ; il est choquant de le méconnaître.

N'avez-vous jamais souffert en voyant, en été, des masses de roses, des lis splendides, entassés pêle-mêle dans une petite voiture de bouquetière.

Moi j'en ai souffert.

Mais moi, j'aime les fleurs.

Je les aime si bien, que, si je vous le disais en anglais, j'emploierais je crois le mot *love*, qui rendrait mieux ma pensée que *like*.

VI

CÉNÉRALITÉS SUR LA TOILETTE

Physionomie de la mode. — Toilette du matin, dans ses différents négligés de la ville et du chez soi. — Demi-toilette du jour et du soir. — Toilette parée.

Telle qu'elle est toutefois, et protestation faite, il faut accepter la mode du costume.

Tout au plus sera-t-il permis de la discuter.

La mode en elle-même, d'ailleurs, a des côtés charmants.

Si elle se contentait d'être coquette et qu'elle ne

voulût pas être si magnifique, il n'y aurait pas à la critiquer.

Mais parlons d'une robe simple, une robe de soie, — robe à la mode, — c'est de la moire antique, avec des agréments de velours ou de moire; il a fallu employer douze ou quinze mètres d'étoffe à vingt francs, et la jupe bouffante traîne sur l'asphalte.

Au bout de six semaines, la robe n'est plus mettable.

Cependant, comme il n'y a pas une bonne couturière qui ne prenne au moins cinquante francs de façon, qui ne trouve moyen d'ajouter comme accessoires des boutons, des ruches, des bordures, qui augmentent facilement cette façon de cent ou cent vingt francs, vous voyez que vous passez habituellement dans la rue à côté d'une femme simplement mise, — car elle est habillée de moire grise, noire ou marron, — et sa robe *négligée*, figure au compte de sa couturière pour une somme de quatre cents ou quatre cent cinquante francs.

Il m'a été répondu un jour, dans une grande maison, qu'il était impossible d'avoir une robe de mousseline imprimée à moins de cent francs.

Il y a vingt ans, une jolie jeune duchesse, très à la mode en cour, riche du reste, me montrait une robe de mousseline à huit sous l'aune qu'elle portait fièrement, et dont elle vantait le bon marché.

Aujourd'hui il y a encore des mousselines à soixante-quinze centimes le mètre; mais, si on les porte, on s'en cache.

Je sais des femmes qui vont au Coin de Rue incognito, parce qu'elles savent y trouver des trésors de bon marché, et elles n'avouent que Gagelin ou Jaudon.

Le négligé de l'intérieur a de grands moyens de coquetterie. Il se prête à toutes les fantaisies et à tous les caprices; quelle que soit l'idée, elle est admise, si elle émane d'un goût artistique, et que d'ailleurs la femme ait une position qui motive un peu de recherche exceptionnelle. Chez elle, le jour, une femme de goût a des ressources illimitées: la robe ouverte, la manche demi-courte, la fleur même dans le bonnet.

L'été, la robe de chambre en mousseline claire, doublée de taffetas de couleur, toute ruchée de mousseline, toute falbalassées de dentelle; l'hiver,

la robe de chambre en velours, en satin ou en
brocatelle; les couleurs voyantes, les revers apparents. Comme chaussure : le petit soulier à talon
et à bouffette ; dans les cheveux, le ruban à la
Clarisse Harlow, ou le petit bonnet Madelon. Puis
les fichus à collerettes et à jabot flottant, les
manchettes à sabots et les longues ceintures qui se
jouent sur la taille.

A la ville, la mode reconnue : les longues casa-
ques ou le burnous ; en hiver, le vêtement de fourrure sur la robe de taffetas ou de laine. La lingerie
simple. très-fermée ; la bottine de chevreau ou
d'étoffe; le gant de Suède et le mouchoir sans dentelle.

L'été, l'ombrelle marquise ; l'hiver, les femmes
de goût, qui vont à pied un jour de pluie, ne craignent ni le parapluie Tom-Pouce ni le petit manteau Rattier.

Il entre dans la vie des femmes de braver, à
l'occasion, le mauvais temps ; il était donc tout à
fait rationnel d'accepter le manteau de caoutchouc
qui permet les incertitudes. Le grand parapluie
était infiniment disgracieux ; de plus, il est devenu
inutile par l'extension de la crinoline qui déborde.

Or rien n'est plus gentil qu'une femme jeune enveloppée dans son Rattier de soie, et garantissant seulement son chapeau avec son diminutif de parapluie.

Un bracelet simple, quelque beau qu'il soit, est autorisé avec le négligé de ville. Seulement il faut que ce soit un modèle tranquille ; sans diamants et sans pierres brillantes.

Avec le châle, une épingle de caractère.

Le soir, la toilette a des degrés de parure. Il n'y a plus guère de petite toilette du soir ; la toilette habillée du jour en tient lieu.

Le petit bonnet reste au négligé; on se coiffe avec des nœuds de velours ou de ruban, des épingles de bijouterie, des barbes de dentelle, pour peu qu'il y ait le soir dix personnes réunies dans un salon.

Au théâtre, on va en chapeau, en coiffure habillée ou en fleurs.

Les fleurs n'ont plus d'importance. Aux Italiens, on porte tout à fait les guirlandes de bal.

Les robes habillées du soir sont des prodiges de travail et d'imagination. Volants sur volants ; jupes sur jupes, montants de fleurs, bouillons capitonés, broderie de soie, de jais, d'or et d'argent, et par-dessus tout dentelles splendides.

Avec l'envergure de la parure du soir, les femmes ont un volume qui, au premier abord, a quelque chose d'inexplicable. Dans une loge, quand une robe à sept ou huit volants triplement falbalassés se déploie sur sa chaise, il faut chercher pendant un moment pour définir cette masse de laquelle on finit par démêler une femme.

Au théâtre, les robes décolletées se portent aussi décolletées qu'au bal, et c'est dire beaucoup.

Si l'on a des manches courtes, il faut la même quantité de bracelets, et les bracelets les plus simples comme les plus magnifiques.

Une femme doit toujours avoir à la main un éventail et une lorgnette jumelle. Le bouquet n'est pas de rigueur, mais il est plutôt accepté au théâtre qu'au bal.

Quand je dis le théâtre et que je parle de ces toilettes parées, j'entends les Italiens et l'Opéra. En dehors de ces deux grandes salles, les toilettes sont impérieusement simples. Le chapeau y est obligé, et les très-jeunes filles même peuvent à peine y paraître tête nue.

VII

DE LA TOILETTE

La toilette selon les âges et selon les positions. — Les
créations inédites.

Il y a ici le grand écueil que je signalais dans
mes premières pages.

Les femmes ne savent pas toujours faire justice
ni de leur âge, ni de leur position. Je vois des
mères mises comme leurs filles, et des bourgeoises
mises comme des femmes de la cour. L'un n'est
pas plus convenable que l'autre.

Mais je ne vois aucun conseil à donner aux mères, attendu que la chose est établie et que l'époque ne la trouve pas déplacée.

C'est une affaire d'appréciation et de tact.

Quant à la généralité, qui fait fausse route, il y a encore moyen de lui donner de bons avis.

Les fabricants font de magnifiques étoffes de laine, qu'il faudrait savoir porter sans honte; il serait bien de ne pas se croire ridicule dans une belle fourrure qui date de deux ou trois ans, et s'éloigner autant que possible de la fantaisie, qui dévore des sommes inconnues.

Le bon marché est un peu la cause de cette perturbation. On a inventé la fantaisie pour échapper à la banalité.

La martre de France a lutté avec la martre zibeline, et le manchon à dix francs s'est rencontré dans le monde.

Ce que voyant, l'élégance distinguée a appelé à elle les fourrures exceptionnelles : le grèbe, le renard bleu ou noir et l'astracan.

L'astracan rentre assez dans le genre un peu rude de certaines toilettes.

Mais ceci n'est pas pour tout le monde.

Si une femme de goût veut raisonner et choisir, si elle veut combiner ce qui lui va avec ce qu'elle peut se permettre, si elle veut seulement s'inspirer du beau sans s'y soumettre, elle peut.être même fort admirée.

Il faut alors qu'elle prenne le goût pour règle, et non la loi.

C'est en matière de toilette surtout qu'il faut s'attacher non à la lettre, mais à l'esprit.

Je connais des femmes médiocrement aisées auxquelles des maris ne refusent rien, elles ne savent pas se mettre : on les montre au doigt, toute leur toilette est fantasque. — Splendeur perdue.

D'autres, au contraire, riches peut-être, mais limitées par leur raison, inspirées par leur bon goût : on les remarque et on les cite. — Simplicité attrayante.

En principe, je trouve qu'une femme riche, jeune et jolie, doit faire de la toilette, non pas l'affaire principale, mais une des affaires principales de sa vie.

La parure rentre dans les occupations importantes de la femme. Puisque la vieille même doit « réparer des ans l'irréparable outrage, » la jeune, bien plus, doit travailler à se faire belle par tous les moyens permis. —

Autant je blâme qu'une mère aux cheveux grisonnante, aux épaules épaissies, se coiffe en bandeaux capricieux et se serre la taille dans un corset rigide, d'abord, parce que cela ne me paraît pas séant, et puis, à mon avis, parce que ses charmes perdus n'y gagnent rien,

Autant je comprends qu'une jeune créature au frais visage s'étudie devant son miroir et rêve à être admirée.

Mais, à moins d'être d'un monde où la mode voit le jour, cette science est chose assez difficile à saisir.

Elle s'est perdue faute de dieux et de temples.

Il n'y a plus de femmes ni d'hommes à la mode.

Il n'y a, pour ainsi dire, plus de magasins à la mode.

Je vois avec grand plaisir un centre d'élégance qui vient de se créer sur des bases solides et rationnelles, avec des éléments infaillibles. Le succès l'a accueilli.

Je crois la réputation du goût français attachée

au culte du bien faire. On néglige généralement l'idée; peut-être parce qu'elle manque.

Là, au contraire, l'idée finement conçue est sérieusement étudiée; l'invention est contrôlée par la distinction; si elle a peut-être un peu de penchant vers l'excentricité, ce n'est pas parti pris, mais par la force des choses, par la puissance de la nouveauté et de l'inconnu.

C'est là ce qui peut réellement constituer le chef-lieu de la mode. C'est là réellement que les étrangers peuvent venir chercher la création inédite, qu'ils demandent en vain à Paris depuis quelques années.

Une des premières causes de cette supériorité saisissante, c'est qu'elle a pour principale direction un goût masculin.

N'avez-vous jamais remarqué comme le goût de l'homme est bien plus fin, bien plus sûr que celui de la femme; comme ce qui est ridicule, exagéré, faux, ou irrégulier, frappe bien plus vivement l'homme, ignorant même, que la femme la plus émérite?

M. Worth est une de ces capacités artistiques qui font faire à une époque le pas qui date. Il ne

prend pas au hasard une étoffe qu'il contrarie avec
telle autre, et il ne pose pas ici une dentelle tout
aussi bien qu'il y mettrait un ruban ou une frange.
Selon lui, chaque chose a sa raison d'être; il
prend aux temps reculés les types de costume sévère pour tailler le velours et la fourrure, et il
s'inspire de Watteau ou de la comtesse Almaviva
pour les parures gracieuses de gazes et de fleurs.

On pourrait dire que l'on fait chez Worth et
Bobergh un cours d'élégance pratique. Il n'y a
rien d'ignoré pour la femme qui va se renseigner
dans cet atelier savant.

Il manquait à Paris, cette ville régulatrice du
monde, un lieu où la mode parisienne fût compo-
sée d'une façon complète et grandiose. Depuis Le-
roy, il n'y avait eu personne.

Je parle ici de Worth, parce que c'est pour moi
le type de la haute fashion; qu'il résume, à mon
avis, les exigences du créateur de la mode ; qu'il
me paraît le premier ministre de cette divinité
ambitieuse et arbitraire, qui rend des décrets sans
s'inquiéter de les faire connaître, et que mon en-
seignement repose sur cet axiome : « Si la généralité doit consulter ses convenances personnelles,

l'exception doit rechercher tout ce qui est exceptionnel; le luxe, tout ce qu'il y a de plus magnifique; la nouveauté, tout ce qu'il y a de plus inconnu. »

C'est à cette condition qu'il y a des femmes à la
mode;

Et qu'il peut y avoir des femmes de bon goût
simples et distinguées.

VIII

LES FLEURS ARTIFICIELLES

Constantin, nouveau créateur. — La fleur mutée. — La mode
des fleurs dans l'intérieur. — Deux cents francs de fleurs
sur une robe.

Je ne crois pas qu'il y ait une industrie à laquelle la recherche sensible du goût de l'époque
ait fait faire un plus grand pas qu'à celle des fleurs.

Rappelons-nous, — nous qui avons vu le commencement du siècle, — les vases sous verre! les
vases d'albâtre ou de porcelaine dorée, sans lesquels il n'y avait pas de garniture de cheminée

complète ; formes mesquines, presque toujours la même, remplies de hideuses fleurs que préservait un globe ennuyeux et inutile.

Batton et Nattier firent faire un pas. On avait déjà compris, non pas ce que l'on pouvait avoir, mais ce que l'on devait réformer.

Constantin vint. Comme le Créateur, il dit : « Que la fleur soit ! » et la fleur fut.

La première fois qu'il se révéla au monde élégant, ce fut par une plante qui valait seize cents francs, et qui, payée ce prix par une grande fortune étrangère, fut peut-être payée au-dessous de sa valeur.

L'industrie, portée à ce point de perfection, devient de l'art.

Constantin est non-seulement un artiste, un vrai artiste : il est chef d'école.

A présent, si tous les fleuristes ne parviennent pas à l'égaler, tous cherchent du moins à l'imiter. Il leur a appris que la fleur artificielle devait être, comme la peinture, soumise à une seule loi : l'imitation de la nature.

Aussi n'est-il pas permis de porter une fleur médiocre.

Une belle plante artificielle peut figurer avec illusion à côté des fleurs naturelles. Je sais des bouquets sortis des mains de Constantin qui ont donné la migraine à des femmes *extrêmement délicates*, qui croient qu'une giroflée, un chèvre-feuille et elles ne peuvent pas se rencontrer sans qu'elles en soient malades.

Cette perfection des fleurs, généralisée, a fait admettre de belles grandes plantes dans de hauts vases de Chine, ou dans des cassolettes de terre cuite suspendues aux plafonds.

Elle a fait de la fleur un des luxes préférés de la toilette : luxe fort cher; mais, la médiocrité n'étant plus possible, il a fallu payer la perfection.

J'ai vu, un jour, une garniture de robe que Constantin adressait à la cour de Portugal. C'étaient du lilas blanc et des tulipes; la garniture seule coûtait deux cents francs. Mais aussi, quelle merveille !

Le printemps en dut être jaloux !

IX

LES VISITES

La visite familière. — La visite de cérémonie ou de quatre
heures. — Toilettes. — Usages. — Les jours.

———

Il y a, ce qu'il y a toujours eu, et ce qu'il y aura
toujours, la visite d'intimité, qui est la simple démarche par laquelle on cherche ou l'on reçoit ceux
que l'on désire voir.

Pour celle-là, il n'y a ni règle ni usage. On entre
chez ses amis à quelque heure que ce soit, quelque
costume que l'on ait pris pour sortir; et on le-

reçoit en robe de chambre et en pantoufles. Ici, ce n'est plus *faire une visite*, ce qui implique toujours quelque chose de solennel, c'est *visiter* la personne chez laquelle on va.

Longtemps cette visite eut son importance ; aujourd'hui elle est remplacée par la visite de quatre heures, à jour fixe. Les meilleures intimités ont cette tyrannie d'exiger cette heure banale tout en la déplorant.

La raison en est assez simple. C'est que, tous les autres jours de la semaine étant pris par les *jours* des autres, il en résulte que l'on n'est jamais chez soi, même pour ses amis. —

Pour la personne qui reçoit, le *jour* a la solennité d'une réception.

Depuis trois heures, la maîtresse de la maison, en toilette, est assise dans son fauteuil à sa place habituelle.

Elle attend.

Son domestique est en gants blancs dans l'antichambre.

Elle a eu soin de faire renouveler les fleurs de son appartement.

Il y a quelque temps, l'usage de faire entrer

sans annoncer fit quelques tentatives pour s'introduire; le domestique ouvrait la porte, la maîtresse
de maison présentait réciproquement les uns aux
autres les visiteurs arrivés et le visiteur arrivant.

Annoncer est plus général.

Il y a une nuance de grand savoir-vivre. Lorsqu'il y a un maître de maison, il s'avance jusqu'à
la porte, accueille lui-même la personne à laquelle
il fait politesse, lui offre le bras pour la présenter
à la maîtresse de la maison, et la conduit à un fauteuil.

Ceci est un degré un peu exceptionnel qui relève des habitudes du grand monde, et l'on n'est
pas tenu de l'observer. Il est rare, d'ailleurs, qu'un
mari assiste aux lundis, mardis, ou mercredis, de
sa femme. En général, les hommes ont leurs affaires, et les femmes reçoivent sans que le mari
soit tenu d'y être.

Il n'en est pas ainsi du soir, où l'homme serait
fort grossier s'il n'était pas présent à une soirée
priée, chez lui.

La toilette de la femme qui est chez elle peut
être aussi élégante que possible. Une robe de
satin et un petit bonnet à fleurs; une robe de ve-

lours et un ruban dans les cheveux, des manches en point de Venise, des bracelets sur tout l'avant-bras, quelques bijoux accessoires; des souliers en tissu oriental, ou des souliers de satin à talons; en en mot, la fantaisie capricieuse.

La toilette, pour la femme qui visite, c'est également le satin, le velours, la moire, ou le taffetas; les nuances bleu clair, gris-de-perle, vert-de-gris, mauve, girofléc; les dentelles aux mantelets, et même en volants; les chapeaux à plumes et la lingerie recherchée.

Ici, toutefois, la mode autorise en ce moment la lingerie fermée, épaisse, très-simple C'est une affaire de goût, je dirai presque de bon goût; surtout si la femme dont il est question est venue à pied, — ce qui n'est pas impossible.

L'inconvénient de ces réceptions est pour les femmes positivement simples, qui n'ont pas toujours une toilette présentable à cet aréopage imposant. Beaucoup s'exilent des maisons qui leur sont les plus chères, parce qu'il est fâcheux d'avoir l'air d'une femme de chambre dans un cercle composé de personnes non-seulement égales à vous mais très-souvent inférieures.

Celles-là ne font que très-rarement les visites de jour indifférentes, et ne vont chez leurs amies que lorsqu'elles savent les trouver seules.

Mais il n'en reste pas moins que la visite de quatre heures, à jour fixe, est impérieusement obligatoire, et que l'on n'y manque qu'en offensant la convenance.

D'autant plus qu'à l'entrée de la saison on fait ses cartes d'invitation, qui portent le jour où l'on reste chez soi, et qu'en trouvant cette carte vous avez reçu une invitation aussi formelle que s'il s'agissait d'un bal ou d'une soirée.

X

LE DINER

Les toilettes de diner prié. — Usages. — Service de la table. — Les menus.

Le diner officiel est en dehors de mes enseignements.

Nous commençons au diner de cérémonie.

Celui auquel l'amphitryon a convié ses invités, par carte, huit jours à l'avance.

Les hommes savent alors qu'ils doivent être en

habit; les femmes, qu'elles peuvent être en coiffure
à fleurs, — presque décolletées.

La toilette de dîner a une nuance indéfinissable
qui ne saurait convenir ni à la parure du théâtre, ni
au négligé du soir. J'ai dit tout à l'heure *presque*
décolletée, parce qu'il faut éviter de l'être et
en chercher l'équivalent; les toilettes parées pour
le dîner sont d'ailleurs charmantes.

Il n'y a pas d'étoffe trop belle, il n'y a pas
de nuances trop coquettes; la forme atténue le
fond. La moire et le velours de couleur tendre, à
corsage montant, avec peu ou point de garnitures,
sont très-convenables. On annonce le retour des
corsages montants entr'ouverts; la toilette de dîner s'empressera de les adopter. C'est un demi-dé-
colleté tout à fait en rapport avec ses diverses
exigences.

Les souliers ou les bottines de satin, les gants
blancs, l'éventail, le mouchoir brodé ou garni, les
bijoux de petite parure, sont le complément de la
toilette.

On ne dîne plus dans le monde avant sept
heures, six heures et demie au plus tôt.

Si l'on est peu de monde, le dîner rentre dans

toutes les réunions familières qui s'affranchissent des règles.

Néanmoins ces règles restent obligatoires pour une certaine classe, distinguée tout en étant simple.

On a envoyé, comme je l'ai dit plus haut, une carte ou un petit billet imprimé, il porte une heure quelconque. — Vous arrivez à peu près à cette heure. Il n'est plus, comme sous l'empire, de bon goût de se faire attendre.

Le domestique ouvre les deux battants, en annonçant : Madame est servie.

Alors le maître de la maison va offrir son bras à la femme qu'il devra mettre à sa droite, et il choisit l'homme qui devra être à la droite de sa femme, pour qu'elle prenne son bras, ceux-ci ne marchent qu'en seconde ligne; mais, s'il n'y a pas de maître de maison, la femme choisit elle-même, et marche la première.

Ce mode est indispensable pour éviter l'embarras des places, et pour que la maîtresse ou le maître soient les premiers pour les indiquer.

Le service de la table doit se faire avec le plus de domestiques possible.

On doit observer soigneusement les dispositions

de la salle à manger en elle-même : une bonne
température, des tapis sous les pieds, une aisance
large et libre dans le service, un luxe confortable pour tout ce qui est de la vaisselle ou de l'argenterie, une grande profusion de détails, une recherche universelle qui s'étend en même temps sur
les mets et sur la façon de les servir, sur les vins
et la manière de les offrir, sur le couvert et le
soin qu'il faut imposer aux domestiques d'agir
sans bruit, avec prévoyance; sur le service, qui varie selon la nature des convives.

La mise en scène de la table est la première et
la plus importante preuve de savoir-vivre que l'on
ait à demander à qui que ce soit, maître ou maîtresse de maison, mais surtout à une femme.

Je ne parle pas ici de maisons somptueuses dirigées par un intendant ou un maître d'hôtel;
de ces maisons où l'on mène grande vie, où ce sont
chaque jour des invités pour lesquels une table
est servie toujours à l'avance. Je parle des intérieurs paisibles, de ceux que dirige une soigneuse
prévoyance, et dans lesquels il faut mettre en
œuvre un peu d'art pour arriver à un résultat
complet.

L'élégance de la table est soumise, comme l'élégance de la personne, à toutes les lois qu'ont créées l'intelligence et le goût en matière de modes et d'usages.

On ne découpe plus à table, un maître d'hôtel, ou le valet de chambre, découpe sur un buffet, et envoie par un autre domestique. S'il est seul, il découpe et sert.

Quelquefois on passe les plats en les présentant à chaque convive.

Je ne connais rien de plus malentendu, de plus inhospitalier, que cette façon de laisser chacun se servir soi-même.

Il s'ensuit que les premières personnes qui sont précisément celles auxquelles on veut faire plus de politesse, se servent toujours fort mal, par une convenance de discrétion toute naturelle à concevoir.

Faire découper en dehors de la table est une coutume excellente, qui respecte la blancheur de la nappe et la lucidité de la maîtresse de la maison. Avant la fin d'un dîner où l'on a découpé à table, la nappe présente un affreux souvenir de tous les plats qui ont paru, et la maîtresse de la maison, absorbée par ce travail, n'a plus une idée à elle.

Ce qu'il y a de plus convenable, c'est que le domestique fasse le tour de la table en servant lui-même.

Quant aux vins, c'est toujours par tournée que le domestique les offre en les nommant; à l'exception de celui que se réserve le maître de la maison, afin de placer un mot en amateur, quand la supériorité en est assez réelle pour attirer l'attention des appréciateurs gourmets.

En arrivant à table, on trouve un surtout avec des fleurs, et le dessert servi. Quelques plats exceptionnels, mais non plus les entrées régulières comme autrefois.

De deux en deux personnes, de façon que chacune le trouve soit à sa droite, soit à sa gauche, on met un petit tableau présentant le menu.

Dans quelques grandes maisons, ce menu est imprimé avec luxe, et on en met un à chaque place.

Sous la nappe doit être posée un molleton de laine qui atténue le bruit de la vaisselle et de l'argenterie. Le couvert se divise en mettant la cuiller et la fourchette à droite et à gauche de l'assiette. Le couteau sur un chevalet de cristal.

Je ne crois pas avoir besoin de dire qu'il ne doit jamais paraître sur la table une bouteille de verre. Le vin ordinaire dans des carafons en forme de bouteille; les vins fins dans des carafons spéciaux. On doit, pour ainsi dire, reconnaître le contenu à la figure du contenant,

Comme on sait quel est le verre destiné à tel ou tel vin.

Le vin de Champagne est excepté de la loi commune. Sa coiffe métallique et son écusson aux armes de Montebello sont son passe-port, dans l'intimité où il est servi sur la table.

En cérémonie, il est, comme les autres, offert par le domestique,

Et à un dîner recherché, servi pendant tout le repas comme vin ordinaire. — Ceci est une mode.

Le menu du repas a subi des transformations complètes. Un dîner bien ordonné consiste bien plus dans la finesse des mets que dans leur nombre.

Groult a fait dans les potages une révolution qu'il n'a pas encore calmée. Après avoir banni pour jamais la soupe au pain, et avoir familiarisé les habitudes les plus simples avec les pâtes d'Italie les plus caractérisées, il cr'e sans cesse des perfections en dehors desquelles il n'est pas permis de rester.

Les entrées et les rôtis sont des œuvres savantes, et les entremets sont des chefs-d'œuvre de gourmandise délicate. Je parle même d'un dîner fin, pour six ou huit personnes, c'est-à-dire un dîner d'intimité; rien ne dispense des soins minutieux.

D'autant plus que, si je laisse un peu de côté la grande maison au chef de cuisine célèbre, je m'arrête simplement à la maison qui a une bonne cuisinière, et j'admets que quelques moyens manquent à l'exécution.

Il y a en dehors des habitudes ordinaires une foule de ressources qui viennent en aide aux mécomptes. Il y a toujours les légumes hors saison, le gibier rare, le fruit magnifique; — Potel peut envoyer un plat qui relève tout un service, et les hors-d'œuvre qui en sont le côté pittoresque.

Il n'y a guère de dîner complet sans une crème glacée et une pièce de fruits au caramel. Seugnot est arrivé, sur ce chapitre, à des prodiges de perfection. Ses montagnes de crème à la framboise et au café, ses cornets de meringues glacées à la vanille ou à la pistache, échafaudage renforcé de fruits confits et de fleurs cristallisées, sont d'une délicatesse exquise.

Ces œuvres savantes rendent impossibles les meilleurs plats de maison. C'est tout au plus si une gelée, une crème bavaroise ou un pudding sont de mise sur une table un jour de dîner d'amis.

Tout le menu, du reste, se ressent de ce mouvement.

Les potages à la crème aux œufs pochés, les cailles paysannes en canapé, les homards rôtis dans leur carapace, les suprêmes de volailles en deuil, et les beignets d'ananas en salade, ne vous semble-t-il pas une cuisine bien poétique?

La cuisine savante est à la hauteur de tous les fourneaux.

Il n'y a plus que des cordons bleus.

Ce qui est très-certain, c'est qu'il n'est plus permis d'avoir une table mal servie. L'ordinaire doit être si bien disposé, qu'il soit possible d'offrir la fortune du pot sans hésitation.

Tous les détails doivent être parfaits ; il n'y a plus d'excuse pour la médiocrité. Les plus grandes dames ne craignent pas de s'en occuper elles-mêmes ; à toute heure on voit des voitures armoiriées s'arrêter, près de l'Hôtel-de-Ville, devant le magasin d'huile célèbre, ou chez Chevet, pour y choisir les primeurs, le poisson et le gibier, ou pour commander les pièces froides montées.

Vous n'avez pas d'autre moyen pour vous distinguer de la classe commune que de faire mieux qu'elle, — attendu qu'elle a pris les devants et qu'elle fait comme vous.

Mais ce soin exquis, cette recherche de ce qui est fin et supérieur, reste non pas seulement aux gens riches, mais aux gens distingués.

Il y a dans le choix de ce qui paraît sur une table ce qui constitue l'art de bien vivre.

Quant au dessert, Seugnot l'a soumis à une extrême recherche. Si l'on y voit des marrons, ils sont voilés par des gelées transparentes ; les compotes fraîches remplacent les confitures, et les bonbons et les fruits glacés alternent avec les sucres cristallisés de petit-four.

Le dîner fini, on place un bol devant chaque

convive. — Il n'est plus guère d'usage que de se laver le bout des doigts, et de passer sur ses lèvres une goutte d'eau dans laquelle on a dû mêler un parfum quelconque, menthe ou citron.

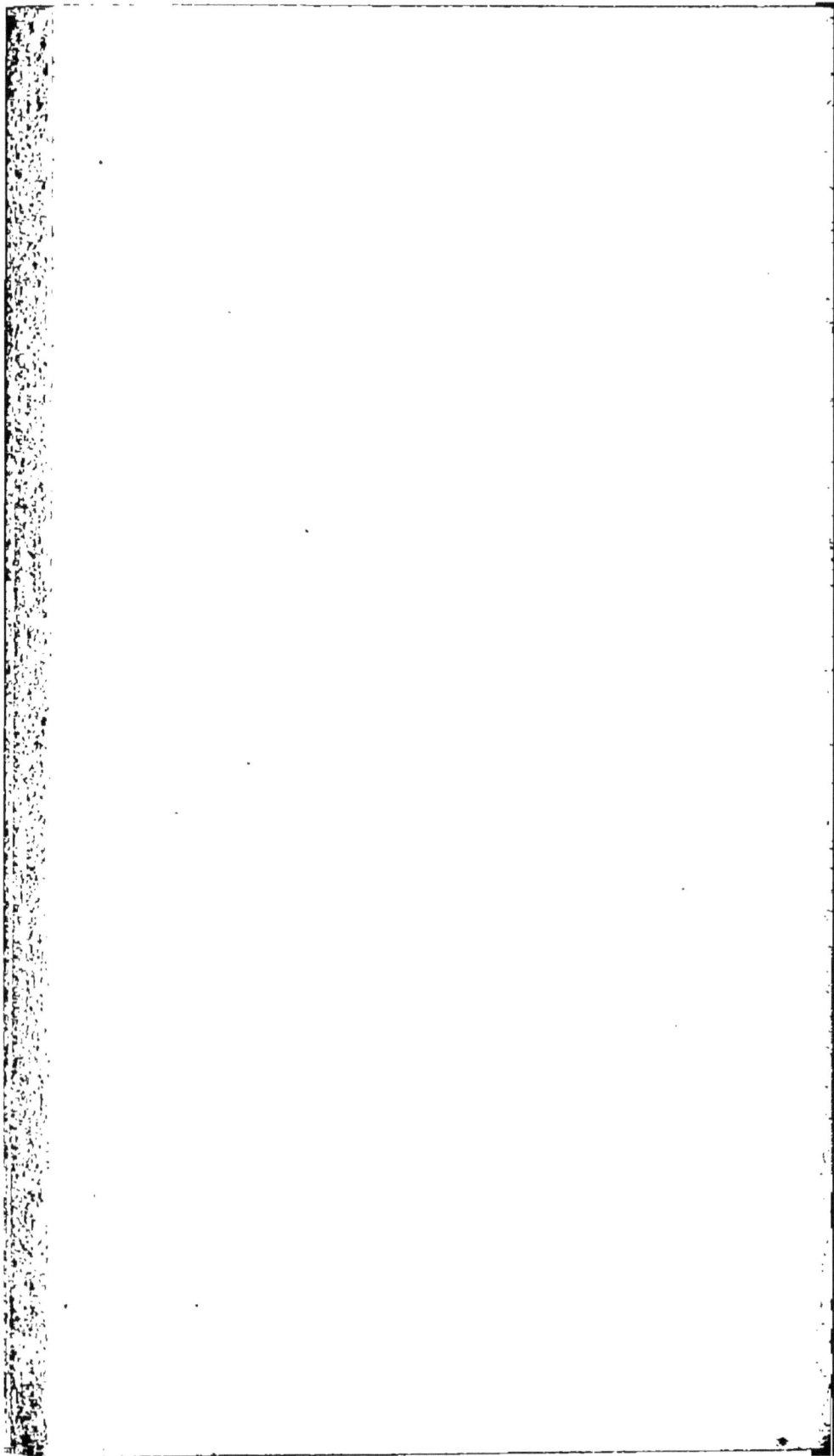

XI

SERVICE DE TABLE

Les domestiques. — — La porcelaine et les cristaux.
— L'argenterie et l'argenture.

Il ne faut pas croire que certains détails extra-
recherchés soient admissibles dans une petite demeure où se dépense une petite fortune. Je connais des maisons, moins que bourgeoises, où les
domestiques servent en gants blancs, où *une bonne*
apporte une lettre sur un plateau d'argent ; je

trouve à cela une bouffonnerie dont je ne puis me
rendre compte.

Que la fortune, où elle se trouve, donne une voiture et des chevaux, des tapis de la Savonnerie,
des diamants, un grand train, c'est tout simple, et
rien n'est plus conséquent que de mêler à tout
ceci ce semblant du grand monde dont, après tout,
le riche fait toujours plus ou moins partie.

Qu'à côté de cela, celui qui était né dans ce
monde élevé, dont un événement quelconque l'a
fait sortir, que la femme titrée, distinguée par ses
goûts, sa naissance ou ses habitudes, conserve ce
besoin de représentation extérieure qui l'aide à se
maintenir dans une certaine sphère, c'est respec-
table, et nul n'en sera choqué.

Le point difficile est dans ce milieu qui règle
pour chacun les exigences du monde, et qui laisse,
en un mot, chacun à sa place.

Pour voir ce qui se fait, je me place toujours sur
un plan un peu élevé; on peut en descendre.

Le service de table a subi de grands changements. Un service à la mode, il y a vingt ans, est
impossible aujourd'hui.

Pour carafes à eau, le forme nouvelle est celle

d'un broc, à large goulcau, à anse. Le vin ordinaire se sert dans des bouteilles de cristal, et le vin
d'entremets ou de dessert dans des carafons qui
admettent toute la fantaisie imaginable.

A l'Escalier de Cristal, dont l'autorité ne se dé-
cline pas, ce qui se fait de plus recherché sont les
cristaux minces, semés de petites mouches, d'un
plain de petits points gradués, de bracelets faisant
entourage, de chiffres élégamment dessinés.

Les services de porcelaine préférés sont en même
temps simples et soignés. C'est une bande de couleur unie, plus ou moins large, enfermée dans
un filet ou dans une petite dentelle d'or. Quelquefois cette bande de couleur est couverte d'un
semé léger; d'autres fois elle est un peu large,
toute unie, et le chiffre est posé dessus, en or ou
réservé en blanc.

Ceci est la nouveauté transcendante, la nouveauté élégante et distinguée.

Le chiffre, dessiné en or, en couleur, en noir
ou imitant le vieil argent, se met en général au
fond de l'assiette.

Les chiffre blanc est charmant pour les tasses

café, entièrement teintées d'une nuance pure, tout unie.

Les formes anciennes de Sèvres et les formes de Saxe, pour les services de table, les porcelaines, reproduisant de vieilles figures, pour pièces de dressoir, inspirent les modèles les plus recherchés.

Il y a chez Lahoche de grands plats dans le genre des faenza de Vérone, qui sont des œuvres de musée d'antiquités.

Les services de dessert en cristaux de Bohême ont aux lumières l'éclat splendide des pierreries.

Pour le sorbet, les verres en cristal blanc dépolis, avec le chiffre gravé en or.

Le même genre pour les verres dans les bols de la fin du dîner.

Quelques services de prix ont d'excellentes peintures appropriées : des fruits, leur fleur, ou même une branche de fleur remplissant le fond de l'assiette, qu'entoure une bande délicate.

Pour le déjeuner, on fait de petits services qui tiennent en entier sur un plateau : les légumiers triangulaires, la tasse, la théière et le pot au lait.

Beaucoup de personnes déjeunent au lit; cette recherche est un détail de confortable.

Pour revenir au dîner, je dois dire un mot des plateaux à liqueurs, qui ont menacé de détrôner la cave. Mais elle tient bon. Néanmoins ces jolis petits plateaux de six à douze verres, avec deux ou quatre flacons, ont une physionomie, en même temps vieille et jeune, qui plaît au goût actuel.

Le luxe le plus apparent du service de table est l'argenterie.

Il faut à un service bien ordonné une profusion d'argenterie.

Non-seulement beaucoup de couverts placés çà et là sur la table, mais impérieusement le changement de fourchette à chaque plat.

En renouvelant l'assiette, on doit renouveler le couteau et la fourchette.

C'est ici le moment de parler de l'argenture, qui, à défaut d'argenterie, rend cette recherche du service facile dans l'intérieur le plus modeste.

Ce qu'il s'est répandu d'orfévrerie Christofle dans les petites fortunes ne peut pas s'apprécier. — Les services de luxe, qu'on appelait jadis la vaisselle plate, étaient le privilége de certaines maisons fastueuses.

6

Le résumé du luxe bourgeois fut longtemps une soupière et un huilier d'argent.

Aujourd'hui les réchauds couverts, les légumiers et les petits objets spéciaux, sont sur toutes les tables.

L'argenture a eu quelques moments de lutte avec l'opinion publique.

Les fabrications douteuses ont retardé la saine appréciation de cette économie confortable.

Aujourd'hui elle a triomphé de tous les dédains et de tous les combats.

Elle a reçu son baptême de faveur.

Le service que l'Empereur a fait faire à M. Christofle; les services aux couronnes de comte, de duc, de prince, qui sont exposés constamment au pavillon de Hanovre, établissent la place qu'a prise l'argenture.

La galvanoplastie a remplacé le travail du ciseleur.

Les plus jolis modèles sont exécutés avec un fini merveilleux.

Quant à la durée, ce point ne fait plus question. La garantie de dix ans est, non-seulement justifiée,

mais quelquefois dépassée, si toutefois on va en
lieu sûr.

L'argenture est un des bienfaits de la science.
L'époque, si peu rationnelle dans son luxe exagéré, a cette fois fait preuve de bon sens, en ac-
ceptant cette sage magnificence.

Tout ce que l'on avait à dire sur l'emplette dont
il ne reste rien, sur le mauvais placement de fonds
qui ne peuvent se réaliser, a été dit. L'expérience
a fait justice de cette opposition systématique.

On sait maintenant que l'achat de l'argenture
représente en dix ans l'intérêt de l'argenterie. —
Que, loin de faire une dépense perdue, c'est, au
contraire, une dépense évitée, et qu'il n'y a pas
lieu à vouloir rentrer dans son argent, pas plus
qu'on ne pense retrouver ailleurs ce que l'on n'a
pas mis.

Tout cela ne veut pas dire que la véritable orfévrerie ne soit plus nulle part.

Il y a certainement de grandes fortunes restées at-
tachées par goût et par convenances aux grandes dépenses de maisons qui mettent de grosses sommes
à ce luxe classique ;

Mais beaucoup aussi, je vous assure, qui, en mariant un enfant, vont porter à M. Christofle une lourde soupière, quelques plats déformés, et ont en échange un de ces élégants et modernes services exposés au pavillon de Hanovre.

Tous les détails de la table, les spatules à beurre et à poisson; les cuillers à olives, à compotes et à sauce, les dessous de carafes, les salières, l'huillier, doivent être en rapport avec le reste du service.

Les formes ondulées à côtelines unies, quelques ciselures d'argent mat, sont d'un effet sobre et de bon goût.

Les petits plateaux à verre d'eau ou à lettres sont presque de rigueur dans une maison tant soit peu recherchée

XII

DU COMFORT

Détails d'intérieur. — Détails d'ameublement. — Du
comfort intérieur. — Du luxe bien entendu.

Les détails de l'intérieur portent sur les soins
plus ou moins apparents du logis.

Le chaud en hiver, le frais en été ; des dispositions élégantes et intelligentes des pièces de service ; des décorations à propos, sont la base de ce
qu'on appelle aujourd'hui le comfortable.

Les systèmes de chauffage qui combattent les

froids les plus intenses en répandant une chaleur égale dans toute une maison sont de magnifiques conquêtes sur la température.

Ils permettent aux gens de goût, aux gens riches, d'éluder cet affreux bienfait du charbon de terre, ressource malfaisante contre les grands besoins.

Dans une demeure chauffée également, le feu de bois, ce gai compagnon, cet ami de bonne humeur, que le charbon est venu détrôner, revient dans sa simplicité primitive.

Le calorifère fait oublier l'hiver ; — l'aisance de la vie consiste dans l'absence des inconvénients.

Il est agréable de passer d'une chambre dans une autre sans s'apercevoir du froid. Laury a porté très-loin ces ressources du bien-être : ses glacières pour maintenir au frais les fruits et le vin, rafraîchissent en même temps la chambre dans laquelle on les place.

Pour les appartements, pris au hasard dans une maison dont on n'est pas le propriétaire, il y a les calorifères, qui communiquent de chambre à chambre, et jettent à petite distance une chaleur prolongée.

On a trouvé le moyen d'appliquer le gaz au

chauffage : c'est prompt, c'est propre, et ne donne
pas de fumée. La chaleur se communique immé-
diatement au calorifère et se répand avec une
intensité inouïe.

Les appartements sont, du reste, non-seulement
bien chauffés, mais bien clos ; l'invention a perfectionné les bourrelets, qui, je dois le dire en
passant, se font souvent de la couleur de l'ameublement.

Pour donner mon avis, je dirai qu'un bourrelet
n'étant pas un ornement, je crois qu'il est préfé-
rable de lui laisser la couleur de la porte, pour
qu'il se confonde avec elle.

Les stores aux fenêtres sont devenus, comme en
Espagne, comme dans l'Inde, d'une habituelle
coutume. Le store transparent intérieur, popularisé
par Attremblé Briot, est resté aux habitations
recherchées ; mais le store de coutil, à larges raies,
projeté en avant par des tringles de fer de façon à
laisser entrer le jour et l'air, tout en interceptant
le soleil, se voit aux fenêtres de la moindre chambre de jeune homme.

On a admis aujourd'hui, avec raison, que ces détails appartenaient à tous.

On voit des tapis partout.

Le tapis n'est plus qu'un luxe d'utilité. Pour celui qui le prend simple et inaperçu, le tapis n'a pas la magnificence de la tapisserie.

Voilà véritablement le luxe du goût et de la fortune.

Dans le moindre appartement un peu coquet, vous êtes accueilli par un meuble de soie ou de velours, des portières et des rideaux de soie ou de velours.

Entre ce luxe banal, devenu si promptement vulgaire, et les magnificences pompeuses, il ne reste que la tapisserie.

Recherche sévère, solide et distinguée, qui sort de la ligne suivie par tout le monde.

Nos manufactures particulières sont devenues les rivales des manufactures impériales. M. Sallandrouze de Lamornais produit des ouvrages que l'on peut prendre pour des Gobelins. Le dessin, le nuancé, le travail, sont admirables.

Un beau fauteuil Charles Ier, une portière, un grand tapis de table, un simple coussin de canapé, donnent à un salon une physionomie de bon goût.

Vous ne verrez jamais un meuble de tapisserie chez des gens communs.

Ils trouveront une foule de raisons pour lui préférer le velours bleu ou le damas cramoisi.

Rien n'est comparable à une belle tapisserie à médaillons sur un fond doux rehaussé par un double fond camaïeu, et à des dessins arabesques sur un fond sombre ou éclatant. La laine a des tons harmonieux ou altiers qui plaisent aux esprits distingués. Il y a de l'art dans une tapisserie savante.

Je n'ai pas parlé des puffs : c'est le meuble à la mode.

On les fait très-grands; entourés d'une haute frange en soie extrêmement grosse.

Je devrais aussi mentionner les tentures capitonnes, comme une recherche très-coquette et fort à la mode.

Les rideaux sont maintenant toujours doublés de soie ou de lustrine; on fait une lustrine qui imite les piqûres à dessins.

Il n'y a plus que très-peu de siéges hauts, excepté les chaises courantes, et encore y en a-t-il beaucoup de basses : tous les siéges sont bas.

Les meubles sont d'invention et d'usage commode ; il y a plus de ressource dans un petit bonheur du jour que dans les grands bureaux ministres.

Autant la toilette a un faux luxe inutile, autant le meuble est fait d'après des idées utilitaires.

On perfectionne pour améliorer;

Tandis qu'en toilette on change pour changer.

Il se fait une foule de bonnes et belles choses qui, en matière d'ameublement, constituent la supériorité attachée à notre époque.

J'en prendrai pour exemple un mode d'éclairage très-nouveau et parfait : le photophore.

La bougie, avec sa lueur tranquille, sa flamme obtenue sans peine, et son vieux préjugé de prédilection, luttait faiblement contre la lampe, qui lui trouvait des inconvénients et des dangers.

« La bougie coule, disait la lampe, elle se répand « sur les tables, sur les tapis, sur les meubles. Un « piano est presque toujours entre deux portes ou « entre deux fenêtres, alors la cire inonde les tou- « ches et altère l'instrument.

« Dans un bal, la bougie se répand en flots sur « les épaules nues des femmes, sur les habits « noirs des hommes ; elle s'échappe des lustres en « inondant les parquets.

« A table, au jeu, on n'est occupé qu'à réparer
« les avaries causées par la bougie. »

Et la lampe avait un peu raison.

Dans le photophore, la bougie est maintenue ; il
ne s'en échappe pas une goutte malfaisante ; la
voilà réhabilitée par ce protecteur novateur, qui
est en même temps un caprice d'élégance.

On avait passé des années à aimer la bougie : on
allait l'abandonner, lui trouvant des torts.

Ce nouveau venu ramène à elle la faveur affaiblie.

XIII

SERVICE DES DOMESTIQUES

La manière de parler. — Service à table, au salon, à la
voiture.

Les domestiques, homme ou femme, doivent avoir
aujourd'hui un ton très-déférent ; rien n'est de
mauvaise façon comme un ton brusque ou familier.

Une bonne d'enfant, même, doit appeler l'enfant
monsieur ou mademoiselle.

Tout domestique doit parler à la troisième personne.

Un valet de chambre doit avoir un costume pour faire son ouvrage, et ne jamais paraître devant sa maîtresse en négligé facultatif. S'il n'a pas sa livrée, il doit avoir sa veste d'appartement.

La moindre livrée, en gros drap gris, avec des boutons de cuivre, vaut mieux qu'une vieille redingote de drap fin, un gilet reprisé et une cravate fanée.

Je trouve que la mise des femmes de chambre n'est pas assez soumise à des observances. On leur permet les jupes d'acier, les talons, les cheveux retroussés; c'est un abus social.

Un domestique n'est pas certainement un esclave, mais c'est un serviteur : il est dépendant.

Il marche derrière nous dans la vie, et non pas à côté.

Il ne doit pas être gênant.

Il doit agir autour de nous sans bruit et sans froissement.

Je trouve ridicule de me déranger, si ma femme de chambre passe à côté de moi dans des jupons qui tiennent trop de place; et il m'est très-désagréable de l'entendre saboter sur le parquet de mon appartement.

Le bonnet et le tablier de la soubrette, l'anneau de servitude du serf et de la servante, sont bien loin, bien trop loin.

Les hommes sont encore maintenus dans une limite convenable.

Ils portent la livrée — telle quelle. — Si un valet a bonne façon sous son habit galonné, ce n'est pas sa faute, et il n'impose pas l'intention d'être regardé.

Le domestique a toujours des gants pour servir à table.

S'il apporte une lettre, une carte, ou un objet quelconque, il le dépose sur un petit plateau d'argent.

Quand il est dehors, s'il se présente à la portière, c'est toujours le chapeau à la main.

Dans les maisons où il n'y a pas d'homme pour le service, la femme de chambre doit se tenir dans l'antichambre les jours où l'on reçoit, afin d'ouvrir la porte.

L'usage du service masculin était devenu familier, il y a quelques années, quand il était à la mode d'avoir un coupé par économie.

Beaucoup de gens occupés avaient établi que,

sortant beaucoup, recevant de même, il était commode d'avoir un domestique qui sût conduire.

Maître Jacques, — dira-t-on. Il y avait un peu
de cela.

Il en est resté le valet de chambre cuisinier :
ceci est de bonne maison. L'utilité de la présence
d'un homme dans une maison se fait sentir constamment, et a de plus une convenance réelle.

A mon avis, la moindre position impose le service
masculin.

Beaucoup de personnes qui ne le comprennent
qu'à demi *louent* un domestique pour leur matinée
hebdomadaire, pour un dîner ou pour les suivre
dans le monde le soir.

C'est un semblant qui ne me satisfait pas. Un
domestique doit être toujours le même.

Quand il est étranger à la maison, il met à son
service une indifférence précipitée qui sent le lieu
public.

Enfin, c'est à mon sens une fausse grandeur qui
témoigne d'une certaine impuissance plutôt qu'elle
ne fait honneur.

La véritable distinction est, avant tout, de paraître ce que l'on est, et avoir ce que l'on a.

XIV

LA PROMENADE

En voiture. — A pied. — Promenade à cheval.

———

Il n'y a plus de promenade à pied.

Il n'y a plus même de promenade en voiture que pour les gens qui ont une voiture.

Si vous remarquez au bois ou aux Champs-Élysées une voiture de louage, elle vous produit l'effet de quelqu'un d'endimanché

Et il y a de cela.

Les mères vont aux Tuileries pour accompagner ou plutôt pour voir leurs enfants, car il est de mode de les y envoyer avec une bonne ou une gouvernante. Si l'on y va, c'est par hasard, et plutôt, comme je viens de le dire, pour y rencontrer que pour se faire voir.

Les Champs-Élysées ne sont plus que pour les hommes, qui s'y assoient sur les chaises pour voir passer ceux qui vont au bois.

Les femmes ont un peu perdu la ferveur des promenades à cheval.

Je ne sais pas trop si ce n'est pas sous l'influence de la crinoline. J'en connais qui ne peuvent pas se décider à endosser leur amazone, parce qu'il faut vivre deux heures sans crinoline.

Et la grâce sait si elles ont tort!

Toute la grâce féminine s'est réfugiée aujourd'hui dans l'amazone, dans ce seul costume où la femme reste elle-même, avec la physionomie que peut avoir sa personne.

Quand je vois une femme naturellement gracieuse, habillée par Chevreuil, dans son habit à longs plis qui drape majestueusement autour d'elle.

je trouve qu'elle me repose les yeux, et je dirai presque l'esprit.

Le chapeau d'amazone n'a pas accepté assez franchement le grand bord frondeur à plume, il ne devrait plus, aujourd'hui, y avoir une seule amazone en chapeau d'homme. Le frondeur, bien plus séyant, bien plus commode, a au moins, et de plus, l'avantage d'être un chapeau de femme.

La cravache à tête d'or n'a rien de nouveau.

La bottine à talons prononcés doit être toute en peau.

Quand une femme est en voiture ouverte, elle s'assied en s'abandonnant aux coussins de sa voiture, de façon que les plis nombreux de sa robe s'étalent en éventail et remplissent tellement sa voiture, qu'il y a à peine place pour une autre femme à côté d'elle : cette pose n'est ni très-gracieuse ni très-convenable, mais c'est comme cela que l'on est, je le dis.

Les livrées n'ont rien de sensible; à part quelques familles qui ont conservé cette distinction aristocratique, toutes les livrées se ressemblent; la différence est dans la tenue.

Se promener est donc une coutume qui n'existe

plus dans la vie élégante. La promenade, ce sont les visites ; c'est le cours où l'on conduit ses filles, ce sont les emplettes sur le boulevard ou dans les rues aérées.

J'ai omis de dire qu'à cinq heures, au bois, on voit, en été, des toilettes tout à fait parées ; et, en hiver, des toilettes très-simples qui se cachent sous l'énorme couverture de laine ou de fourrure, avec laquelle les hommes mêmes abritent leurs genoux.

La voiture ouverte est à la mode en toute saison.

XV

LE BAL

La danse à la mode. — Les toilettes. — Usages.

———

On ne danse plus, à moins que nous ne donnions le nom de *danse* à cette espèce de bourrée qui s'est faufilée dans la société, sous le nom plus ou moins varié de *polka*, *mazurka* ou *redowa*. Pour le moment, les *Lanciers* sont à la mode, mode qui ne finira peut-être pas l'hiver.

Un bal commence à onze heures. Une femme un

peu élégante ne peut pas se présenter avant; elle se promène dans le bal plus qu'elle ne danse, et elle ne reste pas tard.

Les fleurs doivent garnir le vestibule jusqu'à la porte d'entrée, garnir l'escalier, et à profusion tout l'appartement. On les confond avec les bougies des lustres; on fait des massifs de fleurs devant les glaces, devant les fenêtres, dans l'angle des murs, en colonnettes.

Plus il y a de fleurs dans un salon, où il doit y avoir également beaucoup de lumières, plus une fête sera citée.

Comme rafraîchissement, les glaces sont toujours à la mode; les liqueurs fraîches mieux que les sirops; un buffet à peu près de rigueur.

Le buffet permanent, sur lequel on place quelques pièces froides, des pâtisseries, des fruits, est visité assez assidûment pendant toute la soirée; les femmes même ne craignent pas de s'en approcher pour déguster un petit verre de Montebello en même temps qu'une tranche de pâté.

Pendant ce temps là, les hommes interceptent les plateaux de glaces et de bonbons.

On ne saurait les blâmer.

Les domestiques doivent être plusieurs pour faire le service promptement et sans bruit. Il ne peut y avoir de femmes parmi eux, sinon pour recevoir les capelines et les sorties de bal.

Le bouquet a un peu perdu de sa faveur au bal; une danseuse en était fort gênée. Elle a à la main l'éventail ancien et le mouchoir garni de dentelle.

Les toilettes de bal sont splendides. La coquetterie de tous les temps et de tous les pays se rassemble dans une salle de bal de nos jours. La quantité prodigieuse de fleurs, les coiffures pleines de gracieux humour, le luxe des bijoux, la fantaisie illimitée qui garnit ou qui compose une robe de bal, font un ensemble prestigieux.

Il y a dans une toilette conçue avec goût quelque chose de pittoresque et de charmant. Si une femme avait une proportion raisonnable, elle serait délicieuse en toilette de bal.

Mais c'est en dansant, c'est dans la foule que le jupon fait des ravages de perturbation. Connaissez-vous rien de plus pénible que de voir une toute jeune femme, bien plus encore, une jeune fille, traverser une foule en laissant loin derrière elle son échafaudage de cerceaux qui dépasse sa robe et va se poser sur le genou et presque contre l'épaule des hommes devant lesquels elle passe?

O pudeur !

XVI

UN MARIAGE

Les préliminaires. — La corbeille. — Le trousseau. —
La cérémonie.

—

Dès que l'homme est agréé, il a le droit d'offrir
des fleurs, des bonbons ; il a le droit aux attentions.

La corbeille qui s'envoyait autrefois en grande
pompe, la veille du contrat, se décide aujourd'hui
entre les deux parties ; le plus souvent même c'est
la mère de la jeune fille qui se charge des emplettes.

C'est plus commode, mais c'est moins convenable.

La *corbeille* proprement dite n'existe plus.

Les cadeaux sont offerts, ou dans un meuble, ou dans un coffre.

Les châles de cachemire peuvent être suffisants au nombre de deux. La mode n'est pas au châle de cachemire.

Le châle carré perd de sa distinction. On lui préfère le châle long à raies ou à semés, avec des rosaces. Les raies larges particulièrement.

Je n'entre pas dans la composition d'une corbeille. Outre qu'elle est ce qu'elle a toujours été, il y a surtout que chaque corbeille est subordonnée à chaque fortune.

Je dirai seulement que, dans les modifications faites depuis quelques années, il y a la réforme de beaucoup de robes. On préfère laisser le soin de cette emplette à la jeune mariée, et c'est assez bien vu.

Le fond des bijoux de toute corbeille est un bracelet plus ou moins beau du matin, une montre avec son breloquet, une épingle de cou pour le négligé, et une épingle de corsage. Le prix d'un bracelet négligé varie, chez Daux, de cent francs à douze cents francs. Il y a de ces fantaisies tran-

quilles qui sont de beaucoup au-dessus des magnificences somptueuses, et qui renferment dans ce je
ne sais quoi de goût exquis le charme attaché à
la distinction.

La grande dépense de la mode actuelle consiste
dans cette recherche réelle imposée au *négligé*.

Ne croyez pas qu'un bracelet négligé de douze
cents francs puisse être remplacé par le bracelet
paré, ne fût-il que de cinq ou six cents francs, fait
exprès pour les toilettes du soir. Le premier a son
cachet de négligé; il est sobre d'effet, riche sans
désir de l'être, simple quand même; l'autre vise
à la parure.

Les diamants n'ont plus qu'une place volontaire;
le classique bouton de diamant en boucle d'oreille
n'a plus aucune faveur. Si l'on a beaucoup de diamants, c'est une parure; si, au contraire, on n'en
a que pour quelques mille francs, il vaut mieux
avoir une broche de corsage que tout autre bijoux. Et encore, quelque chose pour suspendre
au cou, ou des épingles à mettre dans les cheveux.

Le diamant descend aux petites toilettes du soir
par sa monture. La plus magnifique parure, quand

elle est réunie dans son ensemble, peut à volonté
offrir une masse de bijoux séparés. M. Daux a des
parures qui se démontent en plus de quarante
morceaux.

Une femme simple qui hasarde quelques diamants choisit de préférence à tous une pièce
de corsage. La croix n'est plus de mode, on lui
préfère un médaillon, une plaque, une rosace.

Un rang de perles conserve sa noble distinction.
La fantaisie occupe une grande place, et conduit
naturellement au bijou artistique, très en faveur.

Le trousseau a pris une importance plus universelle et plus vaste.

Le trousseau existait à peine dans la petite
bourgeoisie; aujourd'hui il y est observé comme
dans les familles riches.

Il n'y a guère de jeune fille qui n'apporte en
se mariant son linge de corps brodé, son linge de
maison fin et recherché : les camisoles, les bon-
nets de nuit garnis de dentelle, les taies d'oreiller
garnies de mousseline ou de guipure.

Il y a encore ici un déplorable abus presque
général. Le trousseau n'est presque jamais en

rapport avec la fortune que va avoir la jeune fille ; il est pris sur la dot ; de sorte que la mère satisfait une petite vanité aux dépens de sa fille, qui elle-même a été enchantée de cette première prise de possession.

Mais, au bout de quelques années, de quelques mois même, ce que l'on renouvelle n'est plus à l'unisson de ce qui a été fait au début.

Déception.

C'est la mère qui doit donner les mouchoirs brodés, les dentelles, les robes faites. Ces trois points sont lourds pour beaucoup. Chapron a porté le mouchoir au rang des obligations rigoureuses. Chaque toilette a son mouchoir.

Il se fait des trousseaux chez Félicie, chez madame Lecomte, cela n'empêche pas que l'on se fasse un devoir de faire faire ses mouchoirs par Chapron.

On conserve quelque respect de la spécialité.

Violârd pourrait s'intituler le fournisseur des mariées élégantes. La dentelle ne peut jamais être comprise comme par celui qui l'exécute en grand, qui s'inquiète aussi bien des devoirs de la fabri-

cation que des obligations de la mode et des exigences des chiffres.

Violard a cette vieille habitude des corbeilles
qui donne à son conseil beaucoup d'importance.

La toilette d'une mariée en est heureusement
arrivée au cachet décent qu'elle devait avoir. La
robe montante, la manche à peu près fermée,
donnent au costume de circonstance un cachet en
rapport avec la situation.

Connaissez-vous un moment de la vie où la
femme doive avoir plus de modestie et de naïveté? Y en a-t-il un où la coquetterie soit plus
mal placée, où toute prétention soit plus cho-
quante?

Rien n'empêche que l'on choisisse une belle
étoffe; le velours épinglé est, à mon avis, la vraie
robe d'hiver. L'étoffe riche, mais simple d'aspect,
de forme sévère, très-ample et très-longue, aussi
peu de crinoline que possible, point de bijoux,
un très-beau mouchoir, une guirlande ronde sans
pandeloques, et si l'on veut le voile de dentelle.

Voilà l'esprit du costume de mariée : rien qui
révèle la femme; rien qui rappelle le bal.

La jeune fille est là dans tout l'intérêt de sa

situation. La pensée qui s'attache à l'être pour lequel on prie s'efface quand vous songez à la femme.

Demain la femme heureuse sera entrée dans la vie au bras d'un époux.

Aujourd'hui la jeune fille renonce à son enfance paisible au pied de l'autel où la conduit une mère qu'elle va quitter...

Je disais tout à l'heure une guirlande ronde : il n'y a que celles-là de convenables. Les pandeloques de feuillage s'accrochent au voile et forcent la mère à s'en occuper pendant tout le temps de la cérémonie ; ce que je trouve éminemment déplacé.

Il entre un peu dans l'usage de baisser le voile sur le haut du visage, de façon à voiler les yeux Je ne comprends pas que ce ne soit pas une obligation. Ce n'est pas assez que le voile soit là seulement comme emblème ?

Le livre d'heures entre dans les cadeaux du mari, à moins que, par circonstance, il n'ait été donné en cadeau de famille ou d'amitié. Ce livre a assez d'importance pour qu'on s'occupe de lui. Curmer a des paroissiens en maroquin avec des

fermoirs d'or ou d'argent, émaillés ou incrustés de
pierreries, dont le prix s'élève facilement à 1,500
ou 1,800 fr. Comme intermédiaire entre le livre *ordinaire* de 50 à 60 francs, il n'est guère de femme
un peu élégante qui n'ait un livre environ de
200 fr. — Si elle a un titre, elle met sa couronne
titulaire sur la couverture, en argent ou en or, en
relief; alors voici ce qu'il y a à faire pour la cérémonie : ce livre choisi, on l'enveloppe de moire
blanche, à laquelle ont été fixées les garnitures et la
couronne, que l'on pose définitivement ensuite,
sur le maroquin.

La cérémonie se fait en pompe à midi ; très-peu
de personnes peuvent se marier le soir. Outre
que la chose en elle-même présente des difficultés,
il y a toujours une certaine tristesse à se réunir
la nuit, dans une église mal éclairée ; le mystère
n'a rien de tendre, il a quelque chose de si-
nistre.

L'usage tend à généraliser le départ après la
messe.

Il y a tant à dire sur ce sujet, que je ne l'aborde
pas, il est en dehors de ce qui m'occupe dans ce
petit livre.

On est sorti du *bal de noces*, ridicule au premier chef, pour tomber dans une sorte d'*enlèvement* qui ne me paraît pas plus rationnel. Il me semble que la mère n'est pas de trop pendant toute cette première journée. — N'y a-t-il pas un terme moyen qui réponde à tout?

Le dîner de famille est assez généralement accepté : les parents et les amis indispensables.

Beaucoup de personnes reculent devant l'exécution.

Je mets en dehors les gens riches, que rien n'embarrasse; et ceux qui tranchent la difficulté par un dîner dans un salon de restaurateur. Je parle aux personnes à idées timorées, qui détestent ce qui les sort de leur milieu. Celles-ci ont Potel ou Chevet qui leur envoie à heure dite le repas, avec tout ce qui est utile pour le servir, et les domestiques qui mettent sur la table

Le dîner fini, la retraite se fait comme par enchantement

XVII

UN BAPTÊME

Le choix du parrain et de la marraine. — La cérémonie.
— Le nom. — Les présents.

Le choix du parrainage est soumis à des influences selon les idées de l'époque. Depuis un siècle,
ces influences ont changé à diverses reprises.

On revient aujourd'hui au parrainage de famille
quand on n'est pas dans une position à le choisir
dans de hautes protections.

Ainsi les personnes qui sont à la cour se trouvent naturellement un droit à demander cette faveur, qui est, pour le moins, un certain honneur et une distinction.

Quand le baptême a donné pour parrain à l'enfant un étranger, il est à peu près indispensable qu'il en porte le nom. En famille, la mère s'arrange pour traiter la question à l'avance, de façon que, si les noms ne plaisent pas, le parrain et la marraine se trouvent amenés d'eux-mêmes à en choisir un autre.

En ce moment, le nom un peu primitif est à la mode.

Les noms en A, qui étaient prétentieux il y a vingt ans, sont, au contraire, devenus très-vulgaires.

Pour les hommes, les noms dans le genre de Georges, André, René, Maurice, Emmanuel, ont remplacé Ernest, Édouard, Edmond, qui ne sont pas encore devenus communs, mais qui sont bien près de l'être.

Ne confondons jamais les divers sens du nom *commun*.

Il se nomme peut-être autant d'enfants au baptême Georges, André, etc., etc., qu'Ernest, Edmond, etc., etc.; mais les premiers sont donnés aux enfants de bonne famille qui ont eu pendant trente ans le choix des derniers.

Pour les femmes, Madeleine, Marguerite, Jeanne, Antoinette, etc., ont remplacé Amélie, Caroline, Clotilde, etc.

Marie est porté aujourd'hui dans chaque famille par un membre de la génération de quinze ans. On commence à s'en lasser.

Si l'enfant a déjà quelques mois, la mère l'accompagne à l'église. Si, au contraire, elle est au lit, elle fait une jolie toilette de parade; toilette, le plus souvent, offerte par sa mère: une camisole de mousseline doublée de taffetas rose ou bleu, selon qu'on fête un garçon ou une fille, un bonnet aussi coquet que possible, à rubans pareils.

Près de son lit, le petit berceau bien élégamment drapé.

Après la cérémonie, le parrain envoie ses cadeaux.

Il est d'usage de faire un cadeau à l'enfant, à la mère, à la marraine, et de donner de l'argent à la nourrice.

La marraine ne fait pas de cadeau à la mère.

Le parrain donne les bonbons. Il doit les offrir
en assez grande quantité pour que la marraine et
la mère puissent en offrir de leur côté.

C'est la marraine qui donne la toilette de baptême.

Le parrain, qui est sensé donner la timbale et
le couvert classiques, peut dévier de cette ligne
obligatoire par un cadeau analogue : une jolie soupière d'argent, un verre incrusté d'argent.

A la mère, rien n'est indiqué.

A la marraine, un coffre, ou un sachet contenant des gants et un éventail.

Le parrain distribue à l'église des petites pièces
de monnaie, et la marraine n'a pas à s'en occuper.

Il envoie les cadeaux chez la mère et chez la
marraine aussitôt après la cérémonie.

Les bonbons doivent porter sur leurs boîtes un
nom officiel : Seugnot ou Boissier.

Ce détail est de rigueur.

Ces précédents sont les lois officielles, mais elles
ne sont pas absolues.

En allant chez Tahan choisir le coffre pour y
enfermer les gants, vous voyez un charmant petit
meuble, un miroir artistique, un bénitier, une

jardinière, un de ces riens dont vous savez la place dans le logis où votre cadeau va arriver, attendu et cherché.

Ne craignez pas de sortir de la routine. — Si c'est une innovation, elle est intelligente; et l'intelligence est la première règle du cadeau, quel qu'il soit.

J'en dirai autant pour la toilette de baptême, dont l'offrande revient de droit à la marraine; il est bien mieux d'en causer avec la mère, qui a souvent déjà la toilette d'un aîné, ou des dentelles destinées à cette parure d'un jour, ou enfin, selon sa position, un tout autre désir à satisfaire.

En cela, du moins, la mode, qui s'affranchit de ces coutumes jadis absolues, est en rapport avec des convenances rationnelles.

XVIII

LES DEUILS

Les usages reconnus. — La fantaisie admise dans le deuil.
— Les deuils de convention.

A travers bien des coutumes que l'usage a chan-
gées, le deuil est une de celles qui ont été le plus
modifiées.

Elle a perdu sa physionomie respectueuse.

Le deuil n'est plus sous l'empire des mêmes
lois; on en a fait quelque chose de facultatif qui
l ui ôte toute sa solennité.

On ne connaît plus cette observance rigou-
reuse qui jadis imposait tant de jours la laine,
tant de jours la soie, tant de jours le gris. Le
violet s'est glissé comme une variante du noir, et
on porte du violet pour le demi-deuil de père ou
de frère.

Non pas que de nouveaux statuts admettent ces
infractions; achetez les règles reconnues, elles
vous diront toujours comme autrefois; mais l'u-
sage, ce maître arbitraire, les consacre tous les
jours.

Avec la mode universelle des robes et des mantelets noirs, et surtout la faveur de la nuance violette, il n'est pas difficile de constituer les premiers éléments d'un deuil. Une femme a toujours
dans sa garde-robe le deuil d'un cousin ou d'un
grand-oncle.

La plus rude attaque qui ait été portée au deuil
d'obligation, ç'a été les deuils de convention.

Il y avait des douleurs sacrées jadis, comme aujourd'hui; aussi durables, sinon davantage. On pleu-
rait un cher mort, son deuil fini, et sans même
en avoir pris le deuil, tout aussi tristement que
sous les crêpes noirs.

Le deuil est un usage qui a ses lois, comme il les avait alors.

Un usage n'est pas un caprice.

Et, quelque sérieux que soit un caprice, il ne doit pas passer avant l'usage reconnu.

Une loi est faite pour que chacun la suive uniformément. Être en deçà et au delà, c'est également lui manquer.

Je n'aime pas les deuils de convention, et je ne puis m'empêcher d'en dire ici quelque chose de malveillant. Si le deuil était un costume sévère, s'il entraînait avec lui de ces sacrifices suprêmes de coquetterie, beaucoup moins de femmes en prolongeraient la durée par leur volonté.

Je comprends les deuils éternels.

Vous ne quittez jamais la livrée d'une douleur qui ne doit plus vous quitter : cela n'a pas besoin de commentaires.

Mais reculer une limite pour s'arrêter un peu plus loin, s'arrêter à son gré quand on est las d'en avoir trop fait ! dire à une mémoire chère : C'est assez ! Voilà ce que je trouve non-seulement blessant, mais outrageant.

L'usage, inflexible dans son appréciation, avait couvert d'un voile d'uniformité tous les regrets en les taxant.

C'était la pudeur du regret.

Il y en a un que l'usage avait respecté, — sans consolation, sans termes, sans bornes. — L'usage s'était tu devant la douleur d'une mère, et, ne voulant pas fixer ce deuil à toujours, il s'était récusé.

Cette absence de démonstration extérieure avait une éloquence bien plus grande.

La démonstration matérielle a détruit celle poésie.

On a introduit les convenances dans une douleur qui n'en peut admettre.

Formalités tellement au-dessous de ce qu'elles témoignent, qu'elles en sont l'affreuse dérision.

Adopter un costume : voilà qui aurait une valeur. Cacher ses cheveux, déguiser sa taille, couvrir ses mains sous de longues manches, retrancher toute fantaisie, imposer la retraite à ses vêtements de deuil : voilà qui aurait une signification.

Mais charger une soie splendide de paillettes brillantes, parce qu'elles seront en acier au lieu d'être en or, mêler à ses cheveux du jai et des plumes, cacher à moitié son cou et ses bras sous des dentelles, et le trouver convenable parce qu'elles sont noires, c'est, à mon sens, le plus grand outrage que la société ait jamais pu faire à la nature.

Voilà pourquoi je m'élève contre les deuils qui n'ont pas de lois obligatoires.

C'est que j'aime mieux l'oubli de toute coquetterie dans une robe rose ajustée simplement, que la recherche dans du crêpe noir gracieusement chiffonné;

C'est que j'admets que l'esprit s'occupe d'autre chose que de sa douleur, mais non pas qu'il la traite légèrement;

Et c'est la traiter légèrement que de regarder dans une glace si un ruban noir va bien ou mal; que de porter dans le monde, ou au théâtre, des vêtements qui n'ont d'autre mission que de rappeler aux indifférents le regret que vous êtes censé avoir au cœur.

Il y a un livre qui règle ces diverses exigences; soumettons-nous y scrupuleusement.

Les autres n'ont pas besoin de savoir quand sèchent nos larmes.

XIX

LES DÉPENSES

Emploi de l'argent. — Les dépenses bien faites. — Réalité ou erreur du bon marché. — Un bon choix. — Le prix fixe.

———

Savoir dépenser son argent est, à Paris, une science qui vaut une fortune.

Rien ne coûte comme les écoles.

Il ne manque pas d'*occasions*, d'un bon marché ridicule, dans lequel le Parisien donne tête baissée avec une foi pleine de candeur.

Il est bien loin d'avoir la même foi pour ce qui est très-bien fait, et, par conséquent, un peu cher,

Cher, relativement à ce bon marché impossible.

Qu'on lui vende quelque chose au-dessous du prix rationnel, en lui disant que c'est la perfection, — il l'accepte aveuglément.

Mais qu'on cherche à lui faire comprendre comment la supériorité d'une matière première, ou le talent de main-d'œuvre exige d'élever un peu le prix de ce qu'il a sous sous les yeux, il se refuse et il doute.

En général, le Parisien aime à être flatté.

Ces bons marchés sont des flatteries; on lui fait des concessions grossières qui lui plaisent.

Et il les paye fort cher à la fin de l'année.

Les bazars ont, sous ce rapport, un peu faussé son jugement.

Il est peut-être assez difficile à l'étranger, — Russe ou Marseillais, — de savoir distinguer les bons des mauvais endroits, il est sous l'influence d'un mirage dont il ne reconnaît l'illusion qu'avec l'expérience; mais le Parisien, — qui a éprouvé, examiné, débattu les questions, qui sait que telle grande balle de marchandises à vil prix n'est qu'un

amas de faussetés, réunies pour le passant inconnu, sans garantie, et sous aucune réserve, ne
devrait-il pas se défier?

Le prix fixe est un avantage fait à l'ignorance;
le chiffre connu est une garantie donnée à la con-
fiance Il n'y a pas de discussion possible devant
l'inflexibilité du chiffre connu. Ceci est en faveur
des bazars, en général.

Mais rien ne peut faire abdiquer à l'acheteur
le raisonnement qui le porte à apprécier.

Il y a d'ailleurs un jugement porté par la masse,
et qui a bien sa valeur.

Si je veux donner à un enfant un joujou dont la
durée ne m'intéresse pas,

Si j'ai à faire emplette d'un objet sacrifié,

Si je fais, pour une amie absente, une commis-
sion dont le prix me soit imposé,

Je m'adresse à ces banals bazars où, comme on
disait de mon temps, j'en ai pour mon argent.

Mais si j'achète pour moi, pour mon usage ou
celui de ma maison, pour un cadeau respecté, un
objet qui doit être non-seulement de jolie appa-
rence, mais de longue durée, sans cependant être

chargé par des considérations de grandeur ou de renommée, je me recueille et je vais où se trouvent toutes sécurités.

Il n'est pas de femme qui, allant, en hiver, de la rue de Choiseul au boulevard des Italiens, ne traverse ce bazar, confortable, bien disposé, bien garni, élégant, complet, qu'on dirait chauffé par philanthropie pour les passants.

Certainement alors elles comprendront tout ce qui précède.

Elles ont passé un jour au milieu de ces galeries remplies de tout ce qui intéresse la femme. — jeune fille ou maîtresse de maison, — puis elles s'en sont souvenues, et elles sont revenues pour voir.

Puis, enfin, elles y reviennent toujours pour acheter.

Parce qu'elles y trouvent tout, parce que tout y est bon, que rien n'est cher,

Et que là est la vraie moyenne des dépenses utilement faites.

La plaie de l'époque, c'est le sacrifice perpétuel du fond à la forme, la préférence de l'à peu près au solide. Il faut revenir à ce qui est, plutôt qu'à ce qui paraît,

Aujourd'hui surtout que le confortable utile a introduit tant d'exigences dans les intérieurs bien ordonnés.

XX

LES MENSONGES FÉMININS.

Le fard. — Les cages. — Les faux cheveux. — Les peintures.

———

— Vous connaissez madame une telle ?
— Oui.
— Comment la trouvez-vous ?
— Je ne sais pas.
— Comment, vous ne savez pas ?
— Non. Je ne l'ai vue que sous le masque.

Ce colloque peut se rapporter à beaucoup de femmes.

Il y en a qui sont tellement peintes, tellement déformées par la toilette, tellement déguisées, en un mot, que la réponse critique de l'interlocuteur rend bien la chose.

En effet, quand une femme a commencé au réveil par se couvrir de l'innocente poudre de riz, qu'à sa toilette elle a pris en main la palette que Guerlain a préparée pour elle, et qu'avec ces couleurs magiques elle a travaillé son visage pendant de ongues heures, on la reconnaît, mais on ne la connaît pas.

D'abord c'est un blanc douteux, blanc de brune ou de blonde, dont elle éclaire son teint.

Puis le rose de jour ou de lumière, le rose de ville qui anime ce blanc uniforme.

Autour des yeux, la pyromée qui fait l'œil circassien, le henné qui arque le sourcil, et le bleu qui azure les tempes.

De légers tons bistrés pour donner un peu de chaleur.

Çà et là quelques points pour faire une mouche,
Et de l'incarnat aux lèvres.

Voilà à travers quoi vous apercevez les visages de certaines femmes de vingt à trente ans ; au-dessus de trente ans, une femme trouve inutile de se torturer ainsi.

Ah ! quand Guerlain, le savant et élégant alchimiste, soignait la beauté par ses lotions simples, ses pâtes onctueuses et ses extraits délicats, que son influence était bienfaisante !

Comme la fraîcheur et la jeunesse se trouvaient bien de ses soins préventifs, et comme aujourd'hui encore, les jeunes femmes qui s'en tiennent à ses préparations conservatrices sont plus belles et plus *jeunes* que les autres !

La parfumerie à la mode n'a pas le même cachet qu'au commencement du siècle.

Les parfums simples sont préférés aux extraits composés.

On jette sur le mouchoir quelques gouttes d'extrait de violette, de verveine, de volcameria ; mais ce que l'on emploie à profusion et de préférence à tout, c'est le sachet.

On les multiplie dans tous les meubles, dans tous les coffres.

Aussi est-il de très-grande mode d'enfermer ses

châles et ses mouchoirs dans de grands sachets parfumés.

Les eaux à brûler ont une distinction de bon goût. C'est un parfum fugitif et persistant tout à la fois. Quelques moments après l'évaporation de l'eau dans un appartement, on ne saurait distinguer ce qui a été répandu.

C'est une vague senteur que l'on ne cherche pas à définir.

J'ai fait une digression à laquelle m'ont amenée les mensonges du visage. Nous revenons à ceux de la taille.

Croyez-vous connaître la taille d'une femme que vous n'avez vue qu'à travers son triple rempart de cages, de tournures et de calicots empesés ?

On dit que le règne de la cage est à sa fin.

Je salue sa chute avec bonheur.

Ce n'est pas une défection.

Je n'ai jamais grossi le nombre de ses adulateurs, et l'on ne m'a jamais entendue parler de sa faveur que pour la combattre.

Je ne sais pas ce qu'on lui destine pour succès

seur, mais je l'attends sans crainte, persuadée que rien ne peut être pire.

La cage était, — est, — puisqu'elle est encore, une de ces absurdités ridicules et inconvenantes qui ne me paraissent avoir eu d'autre titre que l'excentricité à la faveur inouïe dont elle a joui.

Les hommes s'en sont moqués.

Les femmes s'en sont plaintes.

On l'a maintenue.

Que de trahisons vont se faire jour ! Combien de chroniqueurs élégants, qui vantaient le charme de cette *gracieuse ampleur* des robes, vont se récrier en se félicitant de la voir amoindrie !

Quant à moi, je n'ai jamais sacrifié au veau d'or ; je n'ai fait qu'une seule concession au cercle rigide, c'était en faveur du jupon Huteau, qui me paraissait le terme moyen entre la cage ridicule et la lingerie insuffisante. Il a tous les avantages de l'une et toute la convenance de l'autre.

Et de plus, il va infiniment mieux que la cage, mieux que les calicots cartons, mieux que l'inoffensive crinoline.

Pauvre vieille crinoline ! comme on s'est servi de son nom pour but de toutes les invectives ! Elle si étrangère aux luttes, si en dehors du mouvement !

On s'est souvenu de ses premiers torts.

Elle avait été chef de parti.

Les haines lui ont fait porter le fardeau.

De mensonge en mensonge, les femmes en sont venues à se faire une parure d'une beauté falsifiée.

Elles se mettent des nattes comme autrefois on mettait des perruques.

Les nattes en couronne et les doubles bandeaux paraissent aujourd'hui sur une tête qui demain, sa coiffure changée, aura une chevelure réduite à sa plus simple expression.

N'y a-t-il donc plus moyen d'aider à la lettre sans la changer totalement ?

Les femmes n'ont-elles plus de notions sur le sens réel de la beauté ?

XXI

LES LETTRES

Le papier. — L'écriture. — Forme de la lettre. — Sa
formule. — Le cachet. — L'adresse.

————

Pour commencer par les papeteries dans les-
quelles le papier est enfermé, disons que ce sont
de jolis meubles en bois de rose, en Boule, en bois
sculpté. Elles portent souvent avec elles une odeur
pénétrante qui parfume ce qu'elles contiennent.
Pour cela, on les double en bois de cèdre ou de
santal, quelquefois en peau d'Espagne.

Le papier ne connaît plus aucune règle.

Il y a des femmes qui écrivent, à la façon anglaise, sur de gros papier vergé en grand format; d'autres qui ne sortent pas de la dimension du billet; d'autres, enfin, de ce petit format mixte qui ne laisse aucune latitude à la lettre intime, mais au bout duquel la lettre banale est tout de suite arrivée.

Les dessins dans le papier nous viennent d'Angleterre. C'est une fantaisie aussi admise que le vergé.

Quant au ton, le maïs et le vert sont acceptés, mais, en réalité, le blanc lait ou le blanc bleuâtre sont les plus généralement adoptés.

L'enveloppe pareille est de rigueur.

L'enveloppe carrée ou l'enveloppe longue et un peu large, pour les hommes surtout; je ne sache personne qui se dispense de son initiale.

On peut mettre ses armes,

Ou tout simplement, et mieux encore, la couronne titulaire. De très-illustres blasons se renferment dans cette brève démonstration, plus que distinguée et presque anonyme.

Le chiffre ou la couronne peuvent être peints ou

dorés; mais le chiffre saillant, uni, est de meilleur goût.

Quant à la forme du chiffre, elle n'a guère que deux variations : la lettre romaine ou la lettre double fleuronnée. Le chiffre tout à fait complet est la réunion des deux. La lettre double, finement dessinée, fait un fond duquel se détache plus saillante la lettre romaine.

Le chiffre gothique est abandonné.

L'enveloppe ne peut plus être fermée par un pain à cacheter. Ou elle l'est par la gomme, qui rend la fermeture indécachetable, ou par la cire.

Si l'enveloppe est de couleur, la cire doit êtr pareille. Sinon, le grenat, le bleu, le marron ou le blanc.

Pour cachet : les armes ou la couronne; le chiffre, comme celui du papier, ou seulement une petite lettre isolée; mais plus du tout d'emblème ni de devise.

L'écriture, bonne ou mauvaise, doit être *à la mode*. Le genre adopté, je puis dire universel, est l'écriture anglaise francisée de Favarger. Qu'elle soit d'une main d'homme ou d'une main de femme, elle a un caractère masculin qui ne manque pas de hardiesse. Les petites *pattes de mouche*, auxquelles l'élégance féminine visait jadis, ne sont plus du tout de bon goût.

Quant à la formule, sans entrer dans des détails impossibles, il faut constater une indépendance de style que je pourrais presque dire affectée. Les fins de lettres, consacrées longtemps par l'usage, ne s'emploient plus, et l'on finit comme on a commencé, par une phrase de causerie.

Quelques personnes de goût artistique choisissent pour cachet un mot ou une sentence, qui sont comme le portrait moral de l'esprit. Ceci veut une grande finesse et un grand tact.

La formule de l'adresse a soulevé beaucoup de débats. La force est restée au vieil usage. Néanmoins, malgré les injonctions de la poste, qui le défend, on retrouve parfois ce mode rationnel : Paris — rue *** n° *** Madame ***.

Le papier à lettre a gardé longtemps une rusticité qui ne s'explique pas à côté de tout le luxe d'ailleurs. Le culte des autographes a perpétué d'affreux grossiers papiers signés de mains royales, et c'est l'Empire seulement qui nous montre non-seulement du papier blanc, mais un luxe de papeterie que nous n'atteignons pas aujourd'hui.

On fait, pour enfermer le papier, des sachets en étoffes robustes; s'ils sont en cuir de Russie, ils n'ont besoin d'aucun parfum étranger; s'ils sont en maroquins de couleur, damasquinés ou en velours, ou même en taffetas piqué, ils sont garnis de poudres odorantes. La poudre d'iris laisse une odeur fine, douce et durable.

L'encre bleue ou violette détrône l'encre noire.

La plume de fer a définitivement pris la place de la plume d'oie, et même de la jolie petite plume de corbeau, si à la mode sous l'Empire, et qui était la conséquence et peut-être la cause des pattes de mouche.

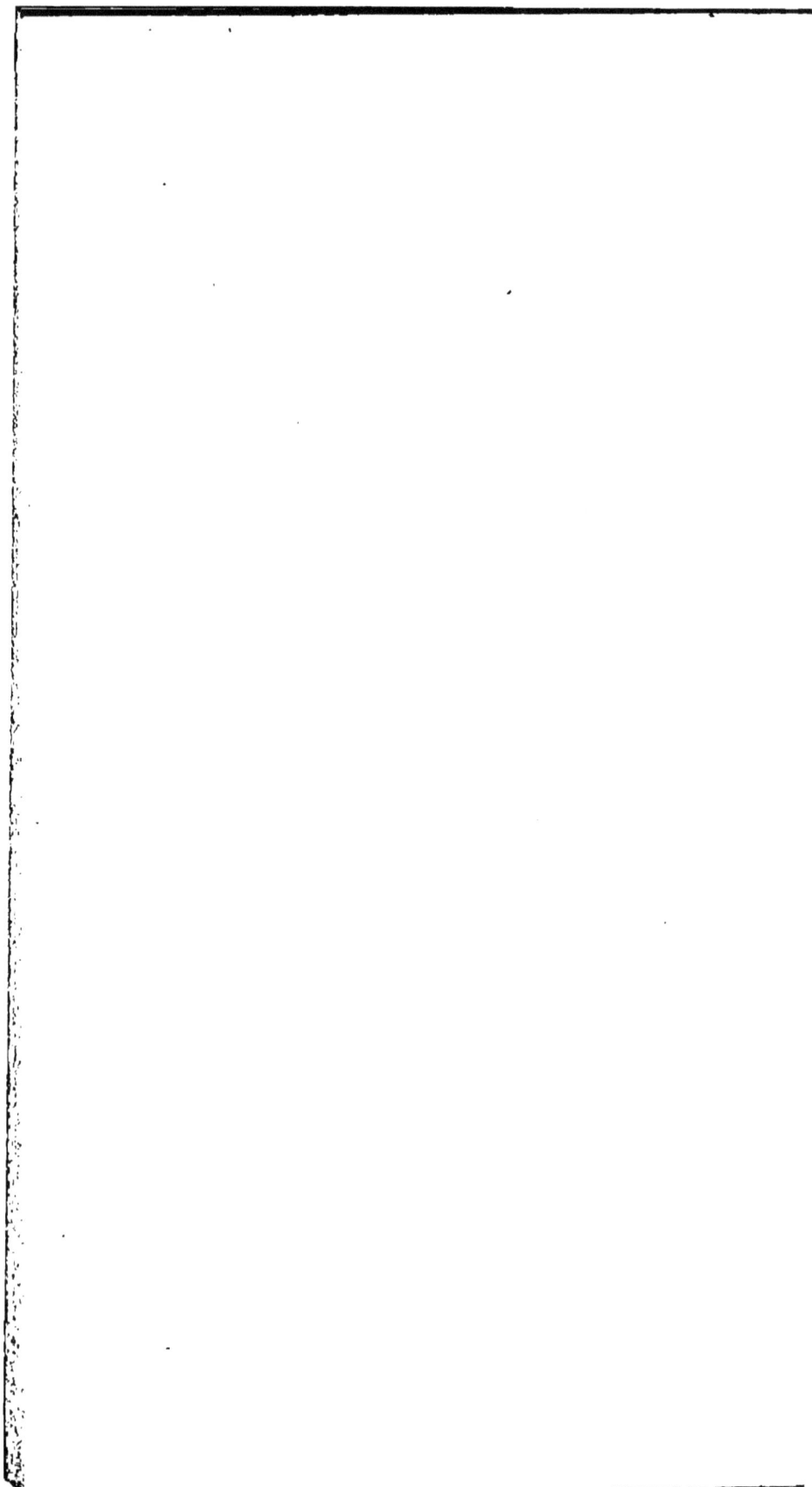

XXII

LE COSTUME DES HOMMES

Je m'appuie d'une autorité. — Le costume a-t-il influencé
les manières, ou les manières ont-elles influencé le costume ?

/

— —

J'avais envie de prier M. Chevreuil de signer ce
chapitre.

Lui, l'homme de goût par excellence, le dernier
gardien de cette distinction française qui a valu à
la génération qui vieillit la réputation de suprême
élégance qu'elle conserve même encore aujour-
d'hui par tradition.

10

Il m'est très-difficile de donner un avis, et cependant, à défaut de science, j'aurai le sentiment de ce que je vois.

Je dirai donc, comme je le disais au commencement de ce livre, à propos de la toilette des femmes, que l'élégance n'est pas distinguée.

Si on la retrouve encore, c'est près de ces vrais élégants qu'habille M. Chevreuil : le comte de M., le comte de Fl., le marquis de F., ces hommes qui, dans leur première jeunesse, tenaient à quelque gloire de passer pour des hommes du monde, et qui aujourd'hui, tout en étant à la mode du jour, conservent cette précieuse personnalité qui les maintient à la place qu'ils avaient prise.

Je ne puis comprendre pourquoi le mauvais goût s'est répandu avec tant d'empire;

Ni ce que la jeunesse dorée de l'époque a trouvé d'agréable à se faire peuple.

Que tous les jeunes gens de classe secondaire apprissent dans les lieux publics, les bals d'été, les petits théâtres, à se modeler sur les jeunes gens comme il faut et y réussissent à peu près, c'était un inconvénient auquel personne ne pouvait rien, et que n'ont pas évité les hommes du monde en se donnant de la ressemblance avec leurs cochers.

Le costume du matin est tout à fait dans l'esprit de la carmagnole.

La veste libre, le pantalon court, le soulier à forte semelle, le col débraillé, la cravate lâche à gros nœud, les favoris en côtelettes, le chapeau démesurément petit, sur l'oreille, le paletot en drap épais.

Le soir, l'homme du monde se retrouve, dans l'habit noir, le gilet de soie et la cravate gracieuse.

Il s'est glissé quelques détails de coquetterie, des bijoux et du linge finement piqué, dans la toilette recherchée.

Au bal, le chapeau Gibus en très-beau tissu de soie, léger comme une plume, a toujours sa confortable élégance.

Tout ce qui s'éloigne du chapeau rond est un bienfait. Ce n'est pas la faute de Gibus si les hommes conservent leur coiffure disgracieuse et incommode. Ses innovations spéciales devraient les conduire à des changements plus notables. Le chapeau noir en peluche, le panama, sont des transitions qui

amèneront forcément à des réformes transcen-
dantes.

Le gant gris paraît s'effacer devant le gant jaune,
qui revient avec toute sa première faveur

XXIII

DE LA TENUE DES FEMMES

De l'attitude équivoque que prennent les femmes du
monde. — Leur parole et leur démarche. — Jugement
qu'en porte le vulgaire.

———

Autrefois, — car il faut bien dire autrefois de ce
qui n'est plus, — autrefois, le corollaire de tous ces
renseignements eût été un chapitre qui résumât le
bon goût, et l'élégance féminine.

Mais, pour me reporter au premier chapitre de
ce petit livre, je cherche le bon goût dans l'élégance, et je ne le trouve pas.

Je n'aime ni la bouche en cœur, ni les petits doigts en ailes de pigeon; mais j'aime encore moins la parole saccadée, les mouvements brusques et heurtés que les femmes du monde affectent aujourd'hui, en donnant à leur façon, en général, une forme de mauvais goût.

Il se glisse alors aisément dans les coutumes habituelles une foule de nuances choquantes qui prêtent à des appréciations erronées.

Il est acquis, dans les classes secondaires, que les femmes du monde fument des cigarettes et se livrent à une foule d'excentricités de ce genre.

Ce qui est très-loin d'être vrai.

Quand les femmes du monde avaient une manière à elles, un langage à elles, une toilette à elles, on ne se fût pas avisé de leur attribuer ces manières déplacées. Il s'est trouvé des femmes de la bonne société qui n'ont pas craint d'essayer le cigare. De là, il a été dit : Les femmes fument.

De ce que quelques amazones savent faire siffler la cravache entre les oreilles de leur cheval, quelques femmes trouvent gentil de jouer avec la leur et de se donner des tons d'écuyère.

Ainsi, de l'abus trop fréquent de certains mots entendus à la scène, et adoptés parmi les jeunes gens, les femmes ont pris un langage très-souvent malséant ; elles ont volontairement remplacé l'accent recherché, un peu musqué, qu'elles avaient dans la parole, par l'accent vulgaire de la femme du peuple.

Elles parlent haut, elles s'exclament en public, elles gesticulent, elles marchent à grands pas.

Parce qu'aux courses, au théâtre, elles ont vu les hommes applaudir à ces manières choquantes, elles ont confondu cette grâce de mauvais aloi avec la grâce de la distinction, et elles ont suivi la pente sans s'en apercevoir.

J'aimerais mieux voir dix, vingt, cent femmes fumer et porter leur chapeau de côté, passer à travers la foule qui les verrait de mauvais œil, que d'en voir une ou deux peut-être regardées avec indifférence, sinon avec bienveillance.

C'est dans ces tendances que la femme perd tous les jours un peu de sa poésie et de sa gloire.

Un aphorisme vrai, c'est que chaque chose a sa raison d'être.

Pourquoi jusqu'à présent les femmes, les jeunes filles surtout, observaient-elles cette réserve dans la parole et dans la tenue? C'est qu'elle était la conséquence de leur éducation. C'est que le salon d'une mère n'était pas ouvert à sa fille depuis l'âge de dix ans. C'est que cette même jeune fille n'assistait pas indifféremment, comme aujourd'hui, à tous les ballets de l'Opéra, à tous les vaudevilles du Palais-Royal ; c'est qu'il n'était pas dans les mœurs de laisser à cette jeune imagination, pour lecture familière , tous les journaux littéraires ou judiciaires.

On dit que l'éducation des femmes a beaucoup gagné ; je ne sais pas. Mais ce dont je suis sûre, c'est qu'elle a beaucoup perdu. Elle a perdu ce je ne sais quoi, rêveur et caché, qui a fait les poëtes dont les chants trouveraient à peine aujourd'hui à qui s'adresser.

Les jeunes Parisiennes subissent une influence à leur insu.

Elles parlent théâtre, elles parlent politique, elles parlent sport.

Et je connais des parents, gens d'esprit, qui se

réjouissent avec orgueil, les aveugles! Pour moi, je vois cela avec une tristesse amère.

Voir ainsi la jeunesse escompter la vie, c'est un grand mal. Mais que les mères ne se trouvent ni blessées, ni offensées par ce contact, qui devrait les frapper les premières, c'est là un plus grand mal encore.

Autrefois on disait avec éloge d'une femme : Elle a l'air distingué, elle a l'air noble.

Aujourd'hui je ne sais pas trop si on ne lui en ferait pas un reproche.

Je ne suis pas sûre que l'on ne dise pas d'une jeune fille qui a l'air modeste : Elle a l'air niais.

Nous avons critiqué la démarche saccadée des Anglaises; nous avons dit qu'elles marchaient comme les tambours-majors. Mais, chez elles, c'est la conséquence d'un fait matériel, et non du sans-façon.

Il entre dans la bonne éducation de la fille de qualité de *savoir marcher*, et ce complément de la danse, la marche, est enseignée par un sergent (ou équivalent) des horse-guards. C'est le maître à marcher admis dans tous les pensionnats aristocratiques de Londres.

Mais que la blonde miss garde bien la naïveté de sa tenue enfantine, à travers cette marche cavalière! comme elle porte décemment sa tête haute! comme elle sait bien n'avoir que seize ans!

Les Françaises étaient, jusqu'à présent, les régulatrices des *belles manières*.

Il faut que les femmes sensées opposent quelque résistance à cet oubli que l'on en fait.

La question a plus d'importance que celle d'une mode.

Peu importe, dans le fait, que la grâce meure, que la distinction devienne un mot vide de sens?

Ce qui importe, c'est que les femmes en gardent le respect; c'est qu'il en reste, grand ou petit nombre, qui ne se laisse pas entraîner par ce caprice qui tue la dignité personnelle.

La généralité n'est pas faite pour être remarquée.

Le commun des femmes est destiné à vivre dans un milieu qui doit craindre le regard et le bruit.

L'étrangeté ne peut être faite pour les masses.

L'étrangeté reste aux femmes de la très-haute

société : celles qu'une grande fortune place au plus
haut rayon de l'échelle sociale, et qui peuvent tout
se permettre,

Ou à celles qui se sont placées au dernier rayon
de l'échelle, et à qui rien n'est défendu.

FIN.

TABLE

www.ingramcontent.com/pod-product-compliance
Lightning Source LLC
Chambersburg PA
CBHW050017100426
42739CB00011B/2679